だいわ文庫

これから、どう生きるのか

人生に大切な9つのこと

本田 健

JN199616

大和書房

はじめに 人は何歳になっても「生き方に迷って」いる

あなたはいま、幸せですか？
毎日、楽しいことをやっていますか？
何の悩みもなく、未来はバラ色だと感じていますか？
両親、パートナー、子どもたち、あなたの友人は、みんな幸せでしょうか？

この問いのすべてに「はい」と答えられたとしたら、あなたはこの地球上でも稀《まれ》な幸せな人か、現実を見ていないかのどちらかでしょう。それだけ、何の問題もなく生きている人は、残念ながら少数派なのです。

いくつになっても不安はなくならない

私は、これまで「○○代にしておきたい17のこと」シリーズを、10代から60代までの年代別に書いてきました。おかげさまで発売してから7年間で、累計200万部を超えるベストセラーになりました。

このシリーズを書くにあたって、たくさんの60代、70代の方にインタビューしてきましたが、どんな人もみな何かしら悩みを持っていました。

何の問題もなさそうに見える人でも、ちょっと親しくなると、「じつは、息子が引きこもりで……」とか、「将来を考えると不安で寝られないんです……」と話してくれました。

それは私にとって新鮮な驚きでした。

なぜなら、お金持ちでリタイアして悠々自適《ゆうゆうじてき》に暮らしている人には、悩みなんてないだろうと思っていたからです。また、実業家として成功して、一生かかっても使い切れないお金を稼いだら、その後の人生は楽しいことだらけだと思い込んでいました。

しかし、実際にそういう人と会ってみると、事業の先行きに不安を感じていたり、もっと大規模に事業展開できなかった自分の無能さに落ち込んでいたり、家族のことで悩んでいたりしていることを打ち明けてくれました。

自分自身のことを振り返ってみても、これまで悩みや不安から解放されたことはなかったことに気づきました。いまの自分はとても恵まれて、幸せなほうだと思っていますが、それでも悩みがまったくないということはありません。

10代の頃には、コンプレックスがあり、進路、友達関係、家族に関する悩みを抱《かか》え、漠然とした不安を感じていました。

いまから考えると他愛もない悩みがほとんどでしたが、当時の自分にとっては切実でした。そして、大人になったらこんな悩みは、みんな消えてなくなるはずだから、早く大人になりたいなと思っていました。

20代になってみると、悩みはなくなるどころか、その種類が増え、もっと人生の混乱がひどくなった感じがしました。独立、結婚、離婚を体験していくうちに、素直に信じられるものが減っていきました。

それでも30代になって、結婚して子どもができたら、きっと幸せに生きられるはずだと思いました。

しかし、30代になってみると、幸せいっぱいになるはずが、悩みはさらに多岐《たき》にわたり、簡単に解決するのが難しいことばかりになった気がしました。

それは関係者が増えたことが大きいかもしれません。自分さえ頑張れば何とかなった時代は終わったのです。

両親のこと、兄弟姉妹のこと、パートナー、子どもの教育、仕事、お金、健康など、20代の頃には想像もしていなかった悩みや不安が増えていきました。みなさんも、思い当たるところがあるのではないでしょうか。

これは、40代、50代、60代、70代になっても変わらないようです。

あらゆる世代の人と話してきて思うのは、どの年代も「人生に迷っている」ことです。

それは、誰もがその年代を初めて体験するからです。

若者から見れば、60歳の人は老人に見えます。その人は、ずっとおじいちゃんだったように思えるでしょうが、60歳になったばかりの当人は、60代「初心者」なのです。

だから、初めて優先席を譲られたときには、ショックで呆然《ぼうぜん》とします。自分が老人に見られ、席を譲られたという事実を急には受けとめられません。

年相応の生き方をしなければ、まわりから馬鹿にされたり、からかわれたりします。

これは、年を重ねていても、若くても同じです。「いい年をして……」とか、逆に「まだ若いのに……」と言われて、戸惑った経験は誰にでもあるでしょう。

人生には、正解がない

冷静に考えればわかることですが、人生に正解はありません。

たとえば、お金が使い切れないほどあれば、幸せの絶頂に立てそうなものですが、お金をたくさん持ったために、不幸になる人もいます。

そうかといって、お金がなくて苦労するのもつらいものがあります。

若い頃にモテた人が、その後に幸せに結婚できるとは限りません。また、学生時代に成績優秀な人が、一生安泰《あんたい》で暮らせるわけでもありません。

大きな会社に勤めていれば安心だった時代は過ぎ去り、確実なものがなくなりました。すべてにおいて「これがあれば絶対に大丈夫」という処方箋《しょほうせん》がないので、人は漠然《ばくぜん》とした不安を感じ、悩むのでしょう。

俯瞰《ふかん》してみれば、人生での悩みや不安は、年代によってさまざまですが、テーマは不変であることがわかります。それを私は、「人間関係」「お金」「仕事」「家族」「パートナーシップ」「時間」「健康」「運と運命」「生きる目的」の9つに分けてみました。

その9つのテーマにそって、あなたの人生の現状をチェックしてみてください。

「ああしろ、こうしろ」というメッセージは、できるだけ入れないようにしました。そこは、普通の本とちょっと違うかもしれません。

「自分にとって何が大切なのか？」を、あなた自身があらゆる角度から見られるように考えて、この本を書きました。あなたの現在地がどこか、このままいくとどうなるかが、浮き彫りになるように話を進めていきます。本を読んだあと、あなたが「これからどう生きたいか」を考えるきっかけにしてもらえたらと思います。

人生には正解というのはありません。一人ひとりが自分の価値観にそって、生き方を自由に決めていいのです。

人によっては、「こうしなさい」と強く言ってもらいたいと感じることもあるでしょうが、そういう項目こそ、あなたが自分で考えて決めたほうがいいと思います。

私たちは、知らないうちに、自分のまわりにいる人の考え方、生き方に影響されています。この本を読み進めることは、自分がどう生きてきたかの棚卸《たなおろ》し作業になります。

あなたがこれまで、あまり考えてこなかったテーマと向き合ってください。「これはできている」「これはできていないなぁ」と、一つずつ検証していってみてください。

その作業を終えて、いま一度冷静に自分の人生を見てみると、これまでとは違った感覚で、自分のあり方や未来をとらえ直すことができると思います。

いろいろ悩みはあっても、自分なりの答えさえ見つかれば、心が楽になって、安心できるものです。問題は変わらなくても、それが気にならなくなったりするのです。

「自分の人生、そんなに悪くないかも」「これからの人生、なんとかなりそう」と感じてもらうのが、この本の目的といってもいいでしょう。

いいニュースと悪いニュース

ここに、あなたにとって、いいニュースと悪いニュースがあります。

いいニュースは、いまのあなたの悩みや不安は、10年後には消えていることです。

そして、悪いニュースは、いまは想像もできない別の悩みや不安が、そのときになったら出てくることです。かといって、それは解決できないものではないはずです。

生きている限り、悩みや不安は、あなたに一生ついてまわるでしょう。それは、すべてが変化しているからです。そのとき、そのときでしっかり対処していけば、まったく問題ありません。

不安や悩みを抱えながら、幸せに生きることは十分可能です。幸せな人生を生きるのも、ストレスの多い人生を生きるのも、あなた次第です。

では、「これから、どう生きるのか」を一緒に見ていきましょう。

目次

これから、どう生きるのか

——人生に大切な9つのこと

はじめに　――人は何歳になっても「生き方に迷って」いる　3

1　人間関係　――幸せと不幸の源

4 家族 ——縁を切っても、感情的なつながりは切れない

5　パートナーシップ――天国と地獄への扉

6　時間――貯められない資産をどう使うか

7 健康――失うまではわからない大切なもの

1

人間関係

——幸せと不幸の源

「人とのつき合い方」は誰も教えてくれない

いま転職のいちばん多い理由が、職場の人間関係だそうです。

健康、お金、仕事、子育て、介護など、人生に悩みは尽きませんが、なかでも人間関係の悩みは、小さいことのようで、かなり根が深いようです。

人生の幸せをもっとも左右する人間関係について、まず見ていきましょう。

せっかくやりがいのある仕事についていても、一緒に働いている人との関係が険悪だと、「もう辞めたい」と考える人は多いでしょう。

逆に、多少待遇が悪くても、給料が低くても、つまらない仕事でも、職場の人間関係が最高なら、なかなか転職には踏みきれないものです。

どんな人間関係を築くかで、その人の人生が決まるといってもいいほどですが、その割には、人間関係について、きちんと教わったことがない人がほとんどでしょう。

これは「お金」についても同じで、人生で大切なことであるにもかかわらず、家庭でも学校でも職場でも、体系的に教わらないので、苦労する人が絶えないのです。

家庭や職場で人間関係に関して教えてもらうことといったら、「人に親切にしなさい」「感謝しなさい」「迷惑をかけちゃダメ」「嘘をついてはいけません」くらいでしょう。

それでは、人とどうつき合えばいいのか、具体的なことはさっぱりわかりません。人間関係についてほとんど無知なまま、私たちは社会という戦場に送り込まれるのです。

人間関係に関しては、楽しい思い出がある一方で、誰しも苦々しい思い出も多いのではないでしょうか。中学校の部活が本当に楽しかったという人もいるし、学生生活のことは二度と思い出したくないという人もいます。

人間関係では、残酷なことがいっぱい起きます。自分ではうまくやっているつもりでも、「なんか、ウザい」と言われて、のけ者にされたり、いじめに遭ったりします。まわりに批判されないように振る舞おうとするあまり、萎縮《いしゅく》してしまった体験は誰でもあるでしょう。でも、具体的に自分の何が悪いかわからないので、直しようがありません。

いままでの人生を振り返ってみると、もっとも楽しかったことは、親しい仲間や恋人、夫婦、家族との思い出でしょう。そして、すごくイヤだった、つらかった体験も、やはり人間関係に関することではないでしょうか。

人間関係が難しいのは、努力しても結果につながらないところです。

仕事なら頑張ったぶんだけ成果がついてきますが、人間関係ではその熱心さが、かえって嫌われる原因になることがあります。

あなたもいままでに、心を尽くして一生懸命にやったのに、相手が不機嫌になったり、イライラしたり、がっかりした体験があるのではないでしょうか？

あなたの人生に起きた七不思議の大部分は、人間関係で起きたことだと思います。なぜ、そういうことが起きるかというと、人間関係には「好き嫌い」が絡《から》むからです。

「好き」と「嫌い」は、感情の世界のことなので、もめ事が起きやすいのです。

幸せに生きようと思ったら、人間関係を上手に持つことが大切ですが、これがなかなか難しいのです。だったら、人間関係は持たないようにすればいいかというと、それでは仙人になるしかありません。

いい人間関係は、人を自然に幸せにする

人間関係がうまくいっているとき、気分的にはすべてがうまくいっている感じがします。

人とつながっている感覚があるとき、私たちは安心感を持ちます。逆に、グループに溶け込めていない、仲間はずれにされているという感じがしたら、不安や恐れで夜も寝られなくなるかもしれません。これは、人間の生存本能に根ざす感情です。

これは、ひょっとしたら、群れで生活していた原始時代のなごりかもしれません。動物園の猿を見ているとわかりますが、ボスがいて、群れ全体を仕切っています。いったん仲間はずれになってしまうと、文字通り、それは死を意味します。

会社や学校のいじめで自殺が起きるのも、グループに属していなければ生きていけないと感じてしまうからです。ちょっと冷静に考えれば、会社、学校、部活に属していなくても、人生やっていけるのですが、追い詰められると、その余裕がなくなります。

それだけ、誰かに受け入れられることは、すべての人にとって大事なのです。100パーセント受けとめてもらっているという感覚は、それだけで心に平安をもたらします。

人間関係がそれほど深くない場合でも、同じような効果があります。

たとえば、八百屋のおじさんと立ち話をしたり、ゴミ出しのついでに近所の人と天気の話をしたりするだけでも、スキッと気分が晴れることがあります。

それは、人が人とつながるときに発生する、幸せエネルギーのおかげです。いい会社、幸せな家族、犯罪の少ない町には、一人ひとりから出ている幸せなエネルギーが響き合って流れています。

朝起きて、笑顔で挨拶《あいさつ》するのが自然な家族は、みんな幸せです。同じように、

「ありがとう」という言葉が無理せずに自然と出てくる会社はうまくいっている会社です。

家族といい関係を持ち、親しい友人と楽しい時間を持てる人は、それだけで幸せです。

そのためには、お互いのことを心から尊重して、好きになるような関係を持つことです。幸せな空気をまとって生きている人は、自然にいい人を引き寄せるのです。

人間関係は相手との力学で変わっていく

人間関係の面白いところは、相手との組み合わせによって、関係が一瞬で変わることです。相手がハイテンションで明るいときと、暗くて威圧的なときとでは、こちらの反応も変わります。

すごくポジティブな人と一緒にいると、別れたあとにドッと疲れが出ます。威圧的な人といると緊張してしまうといったことは、誰にも経験があるでしょう。警察官、税関の係官、税務署員に何か聞かれると、それだけでドキドキしてしまいます。

逆に、相手がオドオドしていたり、暗い感じだったりすると、こちらの気分も変わってきます。あまりにも相手が卑屈《ひくつ》だと、意地悪な気持ちが刺激されるし、相手が暗い感じだと、励ましたりアドバイスしたりしてあげたいモードに切り替わります。

これが、人間関係の力学です。小さい頃、あなたのお父さん、お母さんは、どちらかのタイプだったと思います。

たとえば、父親がポジティブなタイプで、いつもテンションが高かったとしたら、一番身近にいる、あなたの母親は、父親とは逆の、どちらかといえば暗めの性格になって、ネガティブな発言や愚痴《ぐち》が多かったはずです。

あなたに兄弟姉妹がいた場合、その関係によって、それぞれのタイプに振り分けられてきます。兄弟姉妹のうち、誰かがポジティブだと、もう一方はネガティブになります。

そうやって、なんとなく家族でバランスをとっているのです。

ひきこもりの子どもがいる家庭では、両親のどちらかが普通よりもかなりハイテンションであるケースが多いそうです。パーティーやボランティアで家にいない、仕事ばかりして家に帰ってこない親とバランスをとるかのように、子どもが引きこもるのでしょう。

人間関係は、バランスで起きます。ポジティブがよくて、ネガティブが悪いということではありません。

たとえば、上司が威圧《いあつ》的で細かい人だと、部下は萎縮して、のびのび仕事ができなくなります。逆に、上司が明るくてパワフルすぎると、部下はいつまでたっても自信が持てなくなります。そうやって人間関係ができあがり、固定化していきます。

友人関係でも、やたらと調子のいいことばかり言うような人と一緒にいると、自分が愚痴っぽくなってしまったりします。

逆に、ネガティブなことばかり言う人と一緒にいると、「まぁ、そんなに暗いことばかり言わないで」と、相手を励ましたくなります。

いじめも、このエネルギーバランスがグループ全体で大きく崩れることによって起きます。スケープゴートの対象を全員で攻撃することでバランスを保とうとする、人間の本能的な衝動が原因です。だから、「いじめはダメ！」と倫理的に言うだけでは解決できません。それは、人間的な感情から出てくるものだからです。すべての文化、グループ、年齢でいじめが起きることから、もっと根深いものだと考えるほうが自然です。

いじめを解決するためには、グループで起きる感情的なエネルギーバランスが、どう崩れるのかを冷静に見ることが必要です。ささいなことをきっかけに起きる暴力的なエネルギーのやりとりを減らせば、いじめも少なくなっていくはずです。

人間関係をよくするには？

では、具体的に何をすれば、いじめを減らしたり、いまの人間関係をよくしたりすることができるでしょうか？

いちばん簡単なのは、「バランス」をもとに戻すことです。相手が明るすぎたり、威圧的になってきたりしたら、自分をしっかり持って、それを押し返す必要があります。また、相手が卑屈だったり、暗い場合、意地悪したり、励ましたりする代わりに、なぜ相手がそうなっているのかを感じてみることが最初のステップになるでしょう。

一つ面白いワークをやってみましょう。

あなたにつながる家族、友人、仕事関係の人の名前を書き出してください。そして、彼らの素晴らしいところを名前の下に書いてみてください。

「いつも頑張っている」「やさしい言葉をかけてくれる」「気がきく」「感受性が豊か」「慎重」「クリエイティブ」「一緒にいて楽しい」など、その人の素晴らしい特質を書いていくのです。

すると、ふだん一緒にいるときには見逃しがちな、彼らの長所が見えてきます。そして、彼らのような「素敵な人」が身近にいることに感謝できるようになるでしょう。

次に、彼らのネガティブなところを書き出してみます。

「人の話をちゃんと聞かない」「自分勝手だ」「すぐイライラする」「後ろ向きだ」などが出てくると思います。

そして、それが、すべてあなたの期待の裏返しであることに気づいてください。どういう期待かというと、「私の話を聞くべきだ」「思いやるべきだ」「イライラするべきではない」「前向きになるべきだ」というものです。

あなたは相手を変えることはできません。相手がやさしく接したいかどうかは、相手が決めることです。あなたにできるのは、自分のほうから彼らに笑顔で接すること、やさしくすること、イライラしないことです。

そうすれば、相手も同じように反応してくれる可能性が高まります。あなたに感謝が増えたぶんだけ、彼らからも感謝が返ってきます。簡単なワークですが、あなたの人間関係は、前よりもずっと楽しくなっていくと思います。

すべての人間関係は、バランスでできています。あなたがポジティブに振れると、相手はネガティブになるし、逆もそうです。相手が明るく見えるときは、自分が暗くなりすぎている可能性があります。相手が暗く見えるときは、あなたのほうがすべてを明るく見ようとしすぎているのかもしれません。

20世紀は、明るさが評価される時代でした。アメリカのノリが20世紀の象徴でした。別の世紀には、暗く哲学的な人が尊敬された時代もありました。そうやって時代の気分も移り変わっていきますが、いまはちょうど過渡期《かとき》といえるでしょう。

いままでは、ただ明るいだけで好感を持って見られた傾向がありましたが、これからは、そうならないでしょう。そういうタイプは、ちょっと考えが浅い、上《うわ》滑《すべ》りな人物だと評価される可能性があります。これからは、ポジティブとネガティブのバランスが上手にとれる人が信頼されるようになるのではないでしょうか。

いまのあなたの人生に影響を与えた人は？

あなたは、どんな気分で一日を過ごしているでしょうか？

そして、なぜ、いまのような生き方をするようになったか、考えたことがありますか。

私たちは知らないうちに、まわりにいる人からさまざまな影響を受けています。

両親、友人、仕事関係者の言動が、あなたの人生観を形成しているといえます。

彼らとのつき合いのなかから、自分なりに「人生とはこういうものだ」と思い込み、行動するようになっています。そして、彼らの人生観に従ったり、反発したりしながら、結局は彼らの影響からあまり出られないまま、自分の人生をつくっているのです。

では、あなたがいまの生き方をするようになった理由を見ていくことにしましょう。誰からどんな影響を受けたのか、振り返りながら、読み進めてください。

(1)あなたの両親

あなたの生き方のモデルは、望むと望まざるとにかかわらず、あなたの両親です。両親が人生をどのように生きてきたのかが、あなたの生き方に直接影響を与えています。

あなたの両親は、幸せな人ですか?

大好きなことをやって、人生を生きた人でしょうか?

それとも、生活のために、好きでもない仕事をしていたでしょうか?

人のため、社会のために働いてきた人ですか?

お金を自由に楽しく使っていましたか?

それとも、お金に対して、不安やストレスを感じていましたか?

たいていの人は、両親の価値観をそのまま引き継いでいます。あるいは、彼らの生き方に反発して、逆の生き方をえらんだ可能性があります。いずれにしても、彼らが原型となって、あなたの生き方ができあがったといってもいいでしょう。

(2)あなたの祖父母

じつは、あなたの人生に、意外な人たちが影響を与えています。

それは、あなたの祖父母です。そういうと、「え？　おじいちゃんは、私が赤ちゃんのときに亡くなっているんですけど……」という声が聞こえてきそうです。

たしかに、人によっては、生前の祖父母に会ったことすらないかもしれません。

しかし、祖父母がどう生きたかは、あなたの人生に多大な影響を与えています。彼らの生き方は、子どもであるあなたの両親を通して、あなたの生き方を形づくっています。

祖父母は、お金とどうつき合っていましたか？　仕事は楽しんでしていましたか？

専業主婦だった祖母は、その状態を楽しんでいたでしょうか。両親や親戚に聞いてみてください。わからないところは想像してもかまいません。

たとえば、祖父が事業を起こして大失敗していたら、そのことが、あなたの父親の人生に暗い影を落としている可能性があります。

それが小さい頃のトラウマになっていると、あなたのお父さんは、安全第一を人生で優先して、公務員や銀行員になったかもしれません。

その父親の安定志向に嫌気がさして、いま、あなたは事業を起こしたくてウズウズしているのかもしれないのです。

隔世遺伝《かくせいいでん》という言葉がありますが、それは、お金、仕事、夫婦関係にもあてはまります。不思議なことですが、あなたの言いしれぬ独立への衝動は、祖父の血のせいかもしれないのです。

(3)兄弟姉妹

あなたの兄弟姉妹はどんな人たちですか？　普通の生き方をしていますか？

それとも、ユニークな生き方をえらんだでしょうか？

病気や引きこもっている兄弟姉妹がいる場合、相手に対して、知らないうちに罪悪感を持っているかもしれません。大好きなことをやろうと考えると、兄や姉、弟や妹に「悪いなぁ」と遠慮してしまうのです。

逆に、兄弟姉妹が優秀だった場合、彼らと比べて、「自分はできが悪い」というセルフイメージを持った可能性があります。

いずれにしても、兄弟姉妹は、あなたの人生観を形づくるうえで、とても重要な役割を担《にな》っています。

（4）友人たち

小学校時代から、ごく最近まで、あなたの友達には、どんな人がいたでしょうか。

彼らは、幸せそうでしたか。それとも、意地悪でイライラしていましたか。正直な人たちでしたか。それとも、嘘をついたり、ごまかしたりするタイプ？

いまあなたのまわりの友人は、理想の人生を生きているでしょうか。

それとも、ごく普通の人生を生きていますか。

身近にいる友人たちが最高の人生を生きていないと感じたとしたら、好きなことをやって生きようと考えただけで、あなたは彼らに対して遠慮を感じてしまうはずです。

あなたのまわりにいるのが、大好きなことをやって自由に生きている人たちばかりだと、あなたも好きなように生きてもいいと考えるでしょう。

よくも悪くも、あなたの友人は、あなたと似たような生き方をしている人たちです。彼らを観察していると、あなた自身のいまの生き方が見えてきます。

(5)先輩、後輩

学生時代のクラブ活動、あるいは仕事を始めたとき、どんな先輩がいましたか?

彼らが、素晴らしい人たちなら、あなたは自然と年上や目上の人に尊敬や感謝の気持ちを抱くでしょう。

けれども、理不尽なことを無理強《じ》いしたり、意地悪をしたりする先輩しかいなかったとしたら、相手が目上というだけで、身構えるようになってしまったかもしれません。

先輩たちは、あなたにどんなことを教えてくれましたか？

あなたのお金の使い方、人とのつき合い方は、あなたの学校のクラブや職場の先輩たちから教えてもらったかもしれないのです。

同じことが後輩にもいえます。

あなたには、楽しくつき合える後輩がいましたか。彼らは、あなたのことを慕《した》ったり、尊敬してくれましたか。そうだとすると、あなたはいま自然と年下の人たちとうまくやっているはずです。

(6)取引先、お客さん

あなたは、仕事の関係者と、どれだけいい関係を持っていますか？

彼らとの人間関係がよければ、あなたは、世界は安全で素晴らしい場所だと感じているはずです。しかし、仕事関係でつき合う人がみんなシビアに交渉してきたり、イライラしていたりすると、あなたも、彼らに影響されるでしょう。

こうして見ていくと、あなたの人生の主導権を握っているのは誰だと思いますか？

あなたは職業選択、お金の得方、使い方、パートナーのえらび方など、人生のいろいろな面で、自分でも気づかないうちに、いま挙げた人たちの生き方に影響されています。

親とも離れて暮らしているし、自分で人生の大切なことはすべて決めているつもりでも、両親の影響を受けていたことに気づいて、びっくりするかもしれません。

あなたが、さきほど挙げた人たちからどういう影響を受けてきたのか、時間を取って考えてみてください。

友人は将来、あなたの孤独を癒やしてくれる存在

これからの人生を考えたときに、友人の大切さをもう一度思い出してみましょう。仕事や子育てで忙しい年代の人は、友人とのつき合いも、おろそかになりがちです。

学校を出たばかりの頃はしょっちゅう一緒に遊んでいた友人たちとも、気づいたら年賀状のやりとりだけになってしまっている人は多いでしょう。

仕事の取引先なら関係が切れないように努力しても、友達だったら、そんなことをしなくても許されるような気がします。お互いにそう思っているうちに、数年、数十年たってしまったということはよくあります。

仕事も子育ても一段落して、またあの頃の気の置けない仲間に会いたいと思っても、消息をつかむところから始めなければなりません。

あなたに家族がいる場合でも、子どもたちはいずれ巣立ち、パートナーもどちらかが先に亡くなります。そうなった場合、あなたの寂しさを癒《い》やしてくれるのは、友人です。

たとえ家族がいても、年をとってからも一緒に暮らせるとは限りません。

いまの日本では、さまざまなことが便利になった半面、誰ともつながらずに生きていくことも可能になりました。一人暮らしをしている友人が、週末、家に引きこもっていると一言も話さないので、月曜日の朝は声が出にくいと話していました。現役時代はともかく、仕事を辞めたら、その週末が死ぬまで続くような状況になります。

現代社会では、積極的に努力しないと、簡単に孤独のブラックホールに落ち込んでしまうようになっています。パートナーや家族がいないと、すぐにはまってしまう場所です。

友情には、そういう孤独を癒やしてくれる力があります。友人から来たちょっとしたメールに、心がフワッと温かくなったという人も多いでしょう。

自分の人生に友情という支えを持つのは、後半の人生でとても大切です。花に水をやるように、友情にも水やりを忘れないでください。いま友人の顔を思い出した人は、ぜひ連絡を取ってみてください。きっと、楽しいつき合いが復活することでしょう。

ふだんつき合う30人が、あなたの未来をつくる

あなたに影響を与えているのは、過去の人だけではありません。

現在、あなたのまわりには、どんな人がいますか。

あなたのいまの人間関係は、ダイレクトにあなたの幸せ度を決めます。

あなたのまわりがやさしくて幸せな人たちばかりなら、あなたも自然にそうなります。逆に、意地悪でいつもイライラしていたら、あなたも、その影響を受けるでしょう。

そうは言っても、すぐに、いまの関係を断ち切るわけにはいきません。ほとんどの人たちは、自分がつき合う人をえらべていないのが現実でしょう。

「しがらみ」という日本語が、その状況を明快に説明していますが、それは職場の関係だったり、親戚、学生時代の先輩後輩、家族関係、ご近所の人たちだったりします。

職場の人間関係ひとつ取っても、たいていは会社の人事が決めることです。

では、会社を辞めて独立したら、そんな悩みから解放されるかといえば、そううまくはいきません。自分の会社の人間はともかく、お客さんまではなかなかえらべないからです。

では、退職したら、面倒な人間関係から解放されるかというと、今度は、現役時代にあまり縁のなかったご近所づき合いが出てきます。老人ホームに入っても、新しい人間関係にうまくなじめるとは限りません。そこで陰湿ないじめに遭う可能性もあるのです。人間関係からは一生逃げることができない、と考えたほうが現実的でしょう。

幸せな人は、自分がえらんだ大好きな人とつき合っています。自分と好みが合う人、話題が合う人、何も言わなくてもわかってくれる人——そういう人と、ふだんから仕事をしたり、一緒に時間を過ごしたりしているので、ストレスがないのです。

ところで、あなたが日常的につき合っている人は、だいたい30人ぐらいしかいません。

頻繁に電話をかけたり、一緒にごはんを食べたり、仕事をする人たちの顔を思い浮かべてみてください。彼らの名前を紙に書き出してみるのもいいでしょう。

その30人が、「いい人かどうか」「幸せな人かどうか」「意地悪か意地悪でないか」「愛でいっぱいかどうか」「豊かかそうでないか」「将来性があるかないか」ということを考えてみてください。

その人たちが魅力的で素晴らしい人物であればあるほど、あなたのいまの人生も素晴らしいはずです。あなたのまわりの人と、あなたは、同じような人物のはずです。

楽しく実りの多い人生を生きたいなら、素敵な人と一緒にいることです。

つき合う人をいっぺんに変えることは難しいでしょうが、「素敵な人だな」と思う友人を、一人ずつ増やしていくことはできます。

家族や仕事仲間は自分でえらべないかもしれませんが、プライベートで一緒に遊んだりする人たちは、100パーセント、あなたが決められます。自分が素敵だなと思う人と過ごす時間を増やしていってください。

やや例えが悪いですが、泥水が入ったコップはきれいな水を入れていくうちに、少しずつきれいになっていきます。

しばらくすると、人間関係が楽しくなってきたことに気づくでしょう。

2

お金

――自由と不自由をもたらす

みんな、お金に振りまわされている

お金に関していうと、すべての世代の人が、それぞれ理由は違うものの、お金に振りまわされています。これは、日本だけでなく、世界中で起きている現象のようです。

10代の頃はお小遣いが多い少ないということで一喜一憂し、20代はお金のせいでやりたいことが十分にできずにストレスを感じます。30代は、引っ越し、子育て、車のローンなどにお金がかかり、なかなか自分のために使う余裕がありません。結婚せずにシングルでいる人は、このままで自分の老後は、金銭的に大丈夫だろうかと不安になります。

40代はもっと悲惨で、もっともお金がきつくなる時期です。家族がすべてお金の集金人に見えてくるほどです。とくに子どもがティーンエイジャーの場合は、会うたびに「お金ちょうだい」と言われる感じがするでしょう。自分の仕事の将来性、出世の可能性もだいたい見えてくるし、生涯賃金がどれくらいかわかります。と同時に、貯金がぜんぜんできなくて、焦《あせ》りを感じるのもこの頃です。

50代になると、老後の資金のことを考えるだけでイヤな汗をかきます。子どもの高校、大学、親の介護費用、家のローンの返済など、大きな出費がこれでもかというぐらい続きます。出費の大波に翻弄《ほんろう》されるような気分がするのも、この世代でしょう。

60代になってくると、お金とのつき合いにも諦観《ていかん》のようなものが出てきて、一種の悟《さと》りの境地に入ります。自分のお金の器の大きさもわかってくるので、「まぁ、こんなものだろう。なんとかなるさ」と不安を感じながら、自分に言い聞かせます。

そして、70代になると、お金がなくなるのが先か、自分が亡くなるのが先かでドキドキするのです。

こうして見るとわかるように、生まれてから死ぬまで、ほとんどの人たちがお金に振りまわされているのです。

お金について学び、お金と上手につき合う術《すべ》を身につけなかったら、お金のことで、生涯悩まされることになります。

なぜ人はお金で苦労するのか？

では、なぜみんなこんなにも、お金で苦労するのでしょうか？

それは、稼ぐお金よりも、使うお金のほうがいつも多くなりがちだからです。

日本にいる限り、どんな人も最低限、生存していくためのお金に困ることはあまりないはずです。しかし、生活必需品だけでなく、しゃれた洋服、電化製品などを買いそろえていくうちに、お金がどんどん減っていきます。車も欲しい、コンサートにも行ってみたい、旅行にも行きたいとなると、お金がいくらあっても足りません。

高給取りになると、出費が増えるパターンは加速します。収入が増えると、たいてい家賃の高い場所に移り、洋服、嗜好品《しこうひん》、化粧品、アクセサリー、バッグが、昇級のペースより速くグレードアップしていくので、お金のやりくりがきつくなります。

いまよりも、すべての持ち物をランクアップさせたい衝動は、知らないあいだに出てきます。それは、心理学を巧みに利用した広告に、いつのまにか踊らされているからです。

あなたに家族がいたら、お金を使うプレッシャーは、もっと大きくなります。教育費だけでなく、ファッション、ゲーム、パソコン、スマホなど、どんどん高いものを子どもたちは欲しがります。なぜなら、仲間はずれにならないために、そのすべてが必要だと考えるからです。子どもたちも必死なので、親も仕方なく買ってしまうのでしょう。

私の友人が、子どもたち3人から、そろって「お父さん、話がある」と言われると、「手を挙げろ!」と強盗に襲われた感じがすると笑っていました。

そのすべての要求に応えていると、あなたの口座には、お金がほとんど残らなくなります。それは次から次へと、お金を使う新しい需要が、家族全員から出てくるからです。20年前、中学生に携帯電話を買い与えるのが常識になるなんて、誰が想像したでしょうか？

欲しいものは、油断すると無制限に増えていきます。一方で、あなたの収入はそのペースでは増えていきません。このギャップのために、多くの人がお金に振りまわされるようになっているのです。

幸せに必要なお金のIQ、お金のEQ

世の中には、お金の達人がいます。彼らは、若い頃からお金と向き合い、お金と上手につき合っています。大金持ちにならなくても、お金から自由になることはできます。

そのためには、日常的に、お金のことをよく理解して、楽しく稼ぎ、賢く使い、しっかり守り、上手に増やすことです。ですが、お金を手元に残すことにばかり気を取られると、人生がせちがらくなります。お金は、きれいに使って初めて生きるものなので、しがみつかずに、健康的な距離を持つ必要があります。

私は、そういうことができるお金の達人を「幸せな小金持ち」と呼んでいます。彼らは、自分の好きなことをやりながら、お金を自分の幸せのために使いこなしています。

私は幸せに豊かに生きる知恵を「お金の知性（IQ）」「お金の感性（EQ）」と名づけ、体系的にまとめました。詳しくは拙著『お金のIQ お金のEQ』（サンマーク文庫）を参考にしてください。

簡単に、それぞれどういうものなのか、もう少しお話ししましょう。

お金の知性とは、ビジネス、投資、税金など、お金の本質を理性的に理解できる力です。お金の感性とは、感情的にお金に振りまわされず、健全につき合える感受性です。

お金の知性面では、「稼ぐ」「使う」「守る」「増やす」の4つをマスターすることです。

お金を稼ぐのが上手な人でも、守るのが下手だったり、ケチできれいにお金を使えなかったりします。守るのが上手な人は、増やすことに興味がなかったりします。この4つをバランスよく身につけることを心がけてください。

お金の感性をみがくと、お金と感情面で健康につき合えるようになります。お金儲けの才能がある人でも、変な投資をしたり、ビジネスで大勝負に出て、破産することがあります。それは、お金に対して、感情的にぶれて、理性的でない判断をしてしまったからです。

お金の感性は、大きく分けて、「受け取ること」「感謝して味わうこと」「信頼すること」「分かち合うこと」の4つの要素で成り立っています。

入ってくるお金を上手に受けとり、感謝とともに楽しむことです。お金がもたらす喜びを心から感じていたら、もっと入ってきてもいいという許可を自分に出すことができます。また、「お金の流れを信頼すること」「持っているお金をきれいに分かち合うこと」で、お金がきれいに流れ出します。

お金の知性面では、お金を増やせといい、お金の感性面では分かち合いが大切だ、とまったく逆のことをいっているので、混乱する人がいます。そういう人は、食べ物をイメージするとわかりやすいと思います。

たくさん食べても全然出さない人は、便秘になります。あまり食べていないのに出してばかりいると、下痢になります。どちらも、健康とはいえません。適度に食べて、適度に出すこと。これが、健康にもお金にも大事なのです。きれいな流れをつくること、そしてその流れに乗ることが豊かさの鍵です。

お金の知性が高すぎると、お金持ちにはなれても、幸せを逃します。お金の感性だけでも、お金と楽にはつき合えるようになる反面、お金に恵まれません。

このお金の知性と感性の両方を上手に身につけることができれば、あなたは、お金の達人に一歩近づけることになります。

お金と楽しくつき合うには？

お金と上手につき合う最初のステップは、「お金は素晴らしくて、楽しいものだ」と考えることです。なぜなら、お金は、あなたに素敵な体験を持ってきてくれるからです。

最近、お金を使って、楽しい体験をしたことを思い出してください。

それは、誰かと食事をしたことでしたか。それとも、何かを買ったことや誰かにプレゼントをあげたことかもしれません。

お金は、あなたに、楽しさと幸せをもたらしてくれます。理想をいえば、お金を楽しく稼いで、楽しく使うことですが、最初のうちはなかなか上手にできないかもしれません。

お金も、ある意味では、人間と同じです。あなたが興味を持って好きになればなるほど、相手も同じように好きになってくれます。

お金と楽しくつき合うコツは、お金の出入りがあるたびに、感謝することです。給料が入ったら通帳を見ながら、にっこりして「ありがとう」と言ってください。

請求書が来たら、その数字を見て動揺してはいけません。人によっては、破り捨てたい衝動にかられるかもしれませんが、落ち着いて、その数字を見てくださ い。そのお金が払えるぶんぐらい、あなたには収入があったことを思い出してください。それを感じながら、その請求書にも、にっこりして「ありがとう」と言ってみてください。

これをやってみると、お金が入るときも、出ていくときも、「ありがとう」という気分になるから不思議です。しばらく続けたら、知らないうちに、お金が入っても、出ていっても、自然と感謝する習慣がついている自分に驚くことでしょう。

感謝のお金の流れのなかにいる人は、そうでない人に比べて、新たにお金を引き寄せる力を持ちます。まだ、科学的には解明されていない部分ですが、私のお金持ちの研究では、お金と感謝には、はっきりとした相関関係があります。

お金に感謝できる人が、お金の流れをつくれる人です。

あなたにとってお金とは？

あなたがお金とどうつき合うかで、あなたの人生の豊かさは大きく変わってきます。

お金がふんだんに流れていて、好きなものは何でも買えて、やりたいことを自由にできる人生と、いつもお金のことを考えて、やきもきしたり、月末の支払いでドキドキしたりする人生とでは、まるで違います。

お金を上手に使いこなして、自分の幸せ、まわりの幸せをつくり出せる人と、お金のために人を不幸にしたり、自分を不幸にしたりする人とでは何が違うのか。その違いに気づけば、お金とどうつき合うのかがわかってくるのではないかと思います。

お金をどうやって稼ぐかは、その人の人生そのものだといえます。

たとえば、大きな会社で働くという稼ぎ方と、自分でビジネスをやるという稼ぎ方。あるいは、パートナーや両親に食べさせてもらうという方法もあります。それぞれで人生の楽しさ、苦しさが違ってきます。

あなたのお金の稼ぎ方（もらい方）は、あなたの自尊心に直接、影響します。

自分で稼いでいる人は、「自分には価値がある」と思い込んでいます。

一方で、親やパートナーの稼ぎだけで暮らしている人は、「私には価値がない」と信じ込むようになっている可能性があります。

それは、現代では多くの人が、「お金を稼げない＝自分には価値がない」という20世紀型の考えに洗脳されているからです。そうなると、人間として価値がないと引け目に思いながら、生活することになります。つまり、社会的にどのようにお金を稼ぐか、使うかが、その人の人生のクオリティまで決めてしまっているというわけです。

それがたとえ幻想だとしても、みんなが信じていると真実になってしまうところが、20世紀の生き方のユニークなところだと後世の人は考えることになるかもしれません。

お金を、どんな気持ちで稼ぐのかということも、その人の人生の質を大きく変えます。

たとえば、ワクワクしながら、喜びを感じながらお金を稼ぐ人もいれば、怒りや憎しみ、イライラを感じながらお金を稼ぐ人もいます。

人に感謝されて、お金をもらう人もいれば、しぶしぶお金を払ってもらったり、借金の取り立てのようにお金を奪って稼ぐ人もいるでしょう。

あなたは、お金をどのように得ていますか?

もしえらべるとしたら、あなたは、どういうお金の稼ぎ方をしたいですか。

お金は、あなたにとって、友人でしょうか?

それとも、ちょっと恐い存在?

あなたのお金のとらえ方で、生活の楽しさが変わってきます。

幸せなお金持ちは、「お金を親友で素晴らしい存在」と考え、お金に縁のない人は、「お金は敵で悪いやつだ」と信じています。この差が、人生の違いをつくっているわけですが、本人にとっては、それぞれが真実だと信じているので、なかなかこの観念は変わりません。

お金に関して、あなたの気持ちを変えていけば、あなたの経済状態も、最初はゆっくりですが確実に変わっていきます。

あなたは、お金にどういう存在になってもらいたいですか？

お金の使い方に、その人の品性が現れる

稼ぐのと同じように、お金をどう使うのかも、人生の大きなテーマです。

「あの人は細かい」「ケチだ」

「あの人は太っ腹だ」「気前がいい」

というように、その人がどういう人物かを表現するときに、お金の使い方が判断基準になっていることがよくあります。

ふだんから節約して、お金をあまり使わないとケチだと思われます。けれど、誰かれかまわずプレゼントしたり、ごちそうしたりすれば評価が高まるかというと、そういうわけでもありません。人間関係にはバランスがあって、あげすぎるとか

えって相手に遠慮させたり、卑屈に感じさせたりする可能性があるからです。

「人の横面《よこつら》を札束で張る」という表現がありますが、お金にも、上品な使い方と下品な使い方があります。人を見下したような態度を取ったり、失礼なことをしたりしていると、あなたがどれだけお金持ちであったとしても、誰も尊敬してくれないでしょう。

相手に負担を感じさせずスマートにお金を使えるようになるには、練習も必要です。それができるようになると、あなたの人格に対する評価も高まるでしょう。

また、家族間でのお金のやりとりにも気をつけなければいけません。

ある資産家は、息子に一生食べていけるだけの大金を生前贈与しました。何もしないで少しずつ貯金を取り崩して生活していけばよかったのですが、彼はそのお金を元手に事業を始め、数年後にはもらったお金の数倍の借金を抱えることになってしまいました。

お金を自分では使わずに、子どもに残したがる人がいますが、どうせなら、お金の知恵まで一緒に残してあげることです。知恵がないと、お金を受け継いだ子どもたちは、浪費する癖だけがついてしまい、ひいては自分の家族の人生もダメにしてしまいます。

お金をきれいに使うためには、いろいろ知恵を働かせる必要があります。

お金を自分もまわりも幸せにするために、考えて使ってください。

あなたにお金を持ってきてくれる人、奪っていく人

お金という視点から見ると、あなたのまわりには、2通りの人がいます。それは、「あなたにお金を持ってきてくれる人」と、「あなたからお金を奪っていく人」です。

あなたに得をさせる人、あなたに損をさせる人と言い換えてもよいでしょう。これを見極めるのは、経済的に恵まれるために、とても大事です。

なぜかというと、あなたにお金をもたらしてくれる人は、ずっともたらし続けてくれます。一方、あなたからお金を持っていく人は、ずっと持っていくからです。

ロバート・キヨサキ風に言うと、「資産の友人」と「負債の友人」と定義してもいいかもしれません。資産の友人は、あなたを豊かにしてくれる人。負債の友人は、つき合っていると、いつのまにかお金が減っていく人です。

あなたのお金を増やしてくれる人は、あなたのことが大好きで、お金を儲けてもらいたいと考えて、実際に厳選した投資話やチャンスを持ってきます。

逆にあなたからお金を持っていく人は、あなたから奪おうと考えている人です。営業マンや異業種交流会で知り合った人のなかには、あなたの利益よりも、自分の利益を考えている人がいます。学生時代の知人で、10年ぶりぐらいに連絡してきて、儲け話をする人は、あなたのことを金ヅルとしか見ていない可能性があります。

人を疑うことを知らないタイプのいい人は、昔の友情が復活したと思うかもしれませんが、彼らは、あなたのお金を投資してもらいたい、あなたの人脈を使ってビジネスしたいと考えているだけかもしれないのです。

こういう話をしていると、あなたからお金を持っていこうとした人の顔が浮かんだかもしれません。彼らには悪意がなかったかもしれませんが、結果として、あなたはお金を失うことになったのです。

あなたにとって、福の神は、どんな人でしょう。もし、友人リストに一人もいなければ、豊かさをもたらしてくれる人を探すことからスタートしてください。

誰とつき合うかで、あなたの金運は変わる

もっとお金が欲しいという人のために、金運の法則についてもお話ししておきましょう。

あなたがいま、あまりお金に恵まれていないとしたら、それは、お金に縁のない人とばかりつき合っているからです。

お金を持っている人、お金の流れがいい人とつき合えば、あなたも、これまで以上にお金に恵まれるようになります。

社会を見渡せば、お金がない人は、お金がない人たちでつき合っています。

お金がある人は、お金がある人とつき合っています。

だから、あなたがお金持ちになりたかったら、お金がうまくまわっている人、お金を持っている人のまわりをウロウロすることです。彼らの周辺にはチャンスがいっぱいあります。それは、そこに金運があるからです。

私の友人の資産家は、お金持ちになるには3つの条件があると言います。

それは何かというと、まず「いい服を着ること」、次に「楽しく仕事をする」。3つめは、「ユーモアのセンスを持つこと」だそうです。

これまでに、複数の企業を上場させている人や世界的なアーティストなど、たくさんのお金持ちと親しくする機会がありましたが、この3つの条件はあてはまっていました。

仕事が自分の楽しみで、なおかつ、ユーモアのセンスにあふれている人には、自然と人が集まってきます。そうした人とつき合うには、いい服を着ることが第一条件だというわけです。半分冗談のような話ですが、ある程度、的を射ていると思います。

人が集まる人には、チャンスもお金も集まってきます。

自分が豊かさをつくり出す人になることが、もちろん理想ですが、まだそうではないとしたら、そういう人たちとつながることが、その一歩になります。

これから、どういう人たちとつき合っていくのかをじっくり考えてください。それがあなたの経済的な未来を決めます。

自分の「お金の器の大きさ」を見極める

お金に関して大切なのは、自分のお金の器の大きさを見極めることです。

あなたは毎月、どれくらいのお金を手に入れ、どれくらい使っているでしょうか?

いま、お金のストレスがなければ、それはあなたの器の範囲内だということになります。もし、稼ぐこと、使うことにストレスを感じているなら、あなたの器を超えてお金が流れていることになります。

一つ、面白い実験をしてみましょう。

あなたのいまの収入の3倍の数字を思い浮かべてみてください。そして、あなたが毎月使う3倍の金額を使うところをイメージしてください。ちょっと、ドキドキしませんか？

それは、あなたが楽に感じられる金額を超えているからです。お金と健康的につき合うには、この適度な具合を知っておくといいでしょう。

あなたは、自分が「生涯どれだけ稼ぐことになるか」、考えたことがありますか？

生涯に何百億円も稼ぐ人もいれば、お金とは無縁に生きる人もいるでしょう。それは、その人のお金の器であって、ある程度は生まれつき決まっているものです。もちろん後天的に器を大きくすることもできますが、それでもやはり、その人本来の器の大きさというものがあります。

自分の器を大きく超えて稼ごうとすると、負荷がかかります。一方で、器より小さく稼ぐと、人生がこぢんまりとなって、退屈で、つまらない感じがするでしょう。

自分のお金の器を冷静に見極めた人が、幸せになれます。

これは、どれだけ稼ぐかにまったく関係ないところが面白いところです。

たとえ稼ぐお金が小さくても、自分が持っている器に応じた生活をしていると、お金の不安やお金のイライラを感じなくてすむのです。

あなたのお金の器の大きさについて考えてみましょう。

3

仕事

——人を喜ばせる楽しい魔法の杖

あなたは楽しく仕事をしていますか？

あなたは、仕事とどうつき合っていますか？

仕事は、好きですか？　それとも、仕事は悩みの種でしょうか。

いまは、あまり仕事と呼べるようなことをやっていない状態かもしれません。

仕事とどうつき合うかで、その人の毎日の気分は変わってきます。

毎日楽しく仕事をしている人と、会社に行くのがイヤだと感じている人。

家に引きこもって、仕事らしいことを何年もしていない人。

「仕事」といっても、関わり方はそれぞれです。

仕事をするかしないか、どういう仕事をするか、誰と仕事をするのか、どこで仕事をするのかは、あなたの毎日の楽しさに大きく影響します。

起きているあいだの大半の時間を費やしているにもかかわらず、自分の仕事について真剣に考えている人はあまりいません。意識していることがあるとすれば、せいぜい、どういう会社で働くかぐらいではないでしょうか。

たとえば、会社の規模や福利厚生は気にしても、働く場所に関しては、あまり気にしていないのではないかと思います。

高層ビルのオフィスで仕事をすることにワクワクする人もいれば、自然いっぱいの野外で仕事をしたい人、自宅のリビングやキッチンで仕事をしたい人もいるでしょう。

また、仕事をするときの服装に関しても、バリッとスーツや制服を着て仕事をしたい人、Tシャツ、半ズボンで仕事をしたい人、水着で仕事をしたい人などさまざまです。

あなたは、いまの「仕事と自分との関係」にどれくらい満足でしょうか？

人によっては、仕事をやりすぎ、やらなさすぎかもしれません。また、仕事の内容には満足しているかもしれません。働く環境にワクワクしていないのかもしれません。あるいは、仕事仲間との人間関係が楽しくないのかもしれません。
自分が、どんな場所で、どういう人と、どんな仕事をしたいのかを考えてみましょう。

仕事に逃げるな。仕事から逃げるな

「いまの仕事は天職だ」「これこそ自分のやりたいことだ」と思える人は幸せですが、それがいきすぎて、仕事に「中毒」してしまう人もいます。

お酒やギャンブルにはまると、家族やまわりの人たちからはもちろん、社会からも後ろ指をさされるし、「このままではダメだ」と本人も自覚しているはずです。ところが「仕事中毒」になった人は、それ自体が悪いことだと認識できていません。

まわりからも、朝から晩まで仕事をしていたら、働き者、成功者として評価され、自分でも「私はすごい。よくやっている」と勘違いしているかもしれません。

仕事に一生懸命な人は、仕事を追いかけているようでいて、じつはプロジェクトに振りまわされ、目の前のＴｏＤｏリストに追いかけられていることに気づきません。

そういう人のなかには、仕事で結果を出すことで「自己重要感」が満たされ、ますます仕事にはまっていく人がいます。けれども、人生で大切なことは仕事やプロジェクトだけではないはずです。私たちは家族や友人とのプライベートの時間、自分一人の時間を持つことの大切さを、うっかり忘れてしまいがちです。

「仕事に逃げるな」と言われて、ドキッとしたあなた。それは、逃げている証拠です。

妻や夫から「ちょっと話があるんだけど……」と言われて、「明日、会議の資料の準備があるんだ」などとごまかしている人は、うかうかすると、定年になったら家族も友達もいなくなって、寂しい老後を送ることになってしまいます。

ここで「自分が仕事をしすぎてはいないか」を、ぜひ一度チェックしてみてください。

夕食後も仕事をしていたり、休みの日も仕事をしている人は要注意です。会社勤めの人であれば、「有給休暇を消化しているかどうか」が一つの基準になると思います。

これを読んで仕事のしすぎだと感じた人は、一週間休みをとってみてください。人生には、仕事以外にも楽しいことがいっぱいあります。スポーツ、アート、音楽など文化的なものを忘れがちな人は、もう一度ライフスタイルを見直してみましょう。

あなたが才能を使って活動するのを待っている人が必ずいる

仕事に逃げている人がいる一方で、仕事から逃げている人もいます。

たとえば、才能があるのに専業主婦をやっていて、ふだんは「つまらない」と感じている人。リタイアして、いろんなスキルがあるのに、テレビを見ているだけの人。

いろんな才能があるのに、自分ではまったく気がつかないまま、引きこもっている人。

この人たちは、仕事から逃げていると言ってもいいかもしれません。

本当は仕事をやりたいなと頭の片隅では考えながらも、自分と向き合ったり、就職活動をしたりするのを先延ばしにしている人も多いと思います。

現在、数十万人の人が、学校に行くわけでもなく、かといって仕事をするわけでもなく、暮らしています。昼まで寝て、夜は、テレビを見てダラダラ過ごしたり、ゲームをやったり、インターネットをやったりして毎日を過ごしている人が多いようです。

それが決して悪いとは思いませんが、退屈を感じていながら、引きこもりの生活パターンから抜け出せなくなっている人も多いのではないかと思います。

本人は、「自分にはたいして才能もないし、雇ってくれるところもない」と考えているかもしれません。あるいは、「自分には価値がない」「社会に出そびれた」と感じているかもしれません。けれども、それはその人がそう思っているだけで、何かをやり出したら、まわりは応えてくれたりするものです。まだ全然遅くはないのです。

働くというのは、「傍《はた》を楽にする」ということです。

誰かを喜ばせたり、誰かを楽にしたりということをやり始めてみると、生まれて初めて、誰かの役に立つ楽しさを感じるでしょう。ボランティアから始めてもいいのです。誰かとつながるだけで、外へ出るだけで、気分が変わると思います。

誰かに「喜んでもらう」楽しさを日常的に感じていないとしたら、それは、もったいないことです。しばらく仕事をしていなくて、何かやりたいと考えている人は、ぜひ自分が楽しそうだなと思うボランティアや仕事を探してください。

どんな人にも、才能は眠っている

私は、これまで才能について何冊も本を書いてきましたが、どんな人にも才能は与えられていると考えています。

それは、ライフワークを見つけるカウンセリングをやっていて、よく体験しています。最初はぼんやりしていても、帰る頃には「自分の才能がわかりました！」と涙ながらに語る人がいます。ちょっとしたきっかけで、人生の点と点がつながって、雷に打たれたように自分の才能が「はっきりわかった」からでしょう。

自分の才能をどう生かすかが、その人の人生をどれだけ面白くするかを決めます。

才能は、いろんな紆余《うよ》曲折《きょくせつ》を経て、出てくるようになっています。わかりやすくするために、才能は、心の地層深くに埋まっているとイメージしてください。

一部の天才は、地層のごく表面に才能がむき出しの状態で生まれてきます。だから本人もまわりも、すぐにそれが才能だとわかります。天才少年、天才少女というのは、そういうタイプです。

しかし得てして、表面上にむき出しになった才能は、すぐに枯渇《こかつ》してしまうことが多いようです。それは、掘っていく作業、つまりは努力して深めていく作業を怠ってしまうからです。小さい頃に天才だと思われていた人が、大きくなるにつれて輝きを失うのは、そのためです。

残念ながら、私たち一般人の才能は、大部分が心の地層の奥に隠されたままです。そのために、ある程度掘り進めないと、才能が出てこないようになっています。

数十センチ掘っただけで出てくる早熟タイプもいれば、数十メートル掘らないと出てこない大器晩成タイプもいます。それは、その人の個性だといえます。早く掘ればいいかというと、必ずしもそういうわけではありません。早く掘り尽くして、資源が枯渇するタイプの人を、あなたも、ごく身近に知っているのではないでしょうか。

もし、あなたが同じ仕事を長くしていて、しかもそれが本当にやりたいことでなければ、そこから動くことです。自分の毎日に動きをつくることで、才能は見つかります。ほかの部署に行けるように人事とかけ合うことや転職を考えましょう。

たとえば経理や事務で才能がくすぶっている人も、営業に行くとパーンと花開くことがあります。もちろん、その逆もあります。

才能が使えるようになると、それだけで、すごくワクワクします。自分の才能を見つけた人が、「退屈な毎日に色がついた」と表現していましたが、素敵な比喩《ひゆ》だと思います。

あなたには、人前で話したり、ものをつくったり、新しいアイデアを思いついたり、人と人をつないだりする才能がきっとあります。演技の才能やアートの才能があるかもしれません。あなたが何歳だとしても、未開発の才能が眠っています。20代でそれが出てくる人もいるし、60代になって初めて、それがかたちになる人もいます。

あなたの才能は、ベストなタイミングを待って出てきます。私の場合は34歳で文章を書く才能があることを見つけたわけですが、それまで、本を書くなんて考えたこともありませんでした。私だけでなく、家族、友人、親戚の誰もが予想しなかったことから、それまでの私には、文章を書く才能の片鱗《へんりん》もなかったことがわかります。

自分の才能を見つけること、そして、それを生かすことを人生の最重要課題として考えてみてください。きっとそこから、信じられないような面白い人生が始まります。

この世界に何を提供するのか？

仕事とはつまるところ、「あなたが持っている何かを社会に差し出す」ことです。それは労働力であったり、サービスであったり、アイデア、情熱であったりするわけですが、それに応じて報酬が払われるようになっています。

あなたが5人を喜ばせるのか、500人を喜ばせるのか、5万人を喜ばせるのかで、報酬の金額は変わってきます。報酬が多ければいいというわけではありませんが、あなたが社会に提供してきたものが、ダイレクトに返ってきているのです。いまの報酬に不満足なら、自分の仕事のやり方をどう変えたらいいか、考えてみましょう。

仕事と関わるにはいろんな方法、スタイルがあります。

会社に勤めて、従業員として月極《つきぎめ》でお給料をもらう方法もあります。フリーランスや自営業で、仕事をするたびに請求書を出して、翌月に払ってもらうスタイルもあります。

あるいはフルコミッションで、売れた分だけ報酬をもらうという方法もあります。これだと、最低限の保証がないかわりに、報酬に上限はありません。

ビジネスを所有して、仕事はほかの人にやってもらう方法もあるし、不動産や株のオーナーとして、自分が所有する資産から収入を得ることもできます。発明したり、本を書いたり、CDを出したりすることで、一つあたりいくらというロイヤリティーをもらうこともできます。単価は数円から数十円でも、何十万も売れたら、莫大な金額になります。

厳密にいうと仕事ではありませんが、夫や妻、両親、子どもからお金をもらったり、国から年金や生活保護をもらったりして生活することもできます。

どんな仕事のやり方、お金のもらい方に、あなたはワクワクするでしょう？

どういうスタイルに魅力を感じたり、将来やってみたいと思いますか？

どの仕事のやり方は、絶対にやりたくないでしょうか？

それが、あなたの進む道を示唆《しさ》しています。いまはその道にいなくても、そこに意識を向けていると、その方向に進むチャンスはきっとやってきます。

楽しい仕事、苦しい仕事

仕事には2種類の仕事があります。それは楽しい仕事と苦しい仕事です。

楽しい仕事は、やっているだけで充実感があって、心がワクワクする仕事です。「誰かの役に立っている」と実感できます。

仕事をしているという感覚がほとんど持てないくらいに楽しくて、「こんなことでお金もらっていいの？」というのが、楽しい仕事です。

苦しい仕事というのは、一言でいうと、それを考えただけで胃が痛くなるような仕事です。あなたに合っていない仕事をやっているとそうなります。

別の角度から見れば、「自分の才能を使えていない仕事」ともいえます。結果として、社会のためにもなっていません。

人間関係がギスギスした職場での仕事も、このカテゴリーに入るでしょう。残念ながら、いまの世の中では、苦しい仕事をやっている人たちが大半かもしれません。憲法で職業選択の自由が認められているのに、なぜ人は、自らえらんで楽しくない仕事をやっているのでしょうか。

学校を卒業するときに、なんとなくえらんでしまったまま、それを変えるきっかけ、勇気、行動力がなかったというのが、その理由かもしれません。

仕事をしているとき、つまらなさ、苦しさを感じているなら、「それはあなたに合っていませんよ」というサインだと考えてみましょう。

逆に、仕事をやっているだけで楽しくて、ワクワクするとき、それは「あなたに合っていますよ。もっとやって！」という自分の心が発信するサインだと思ってください。

人からはうらやましがられるような仕事をしていても、本人は苦しいことがあります。

逆に、ほかの人には「つまらない仕事」に見えたとしても、本人が「すごく楽しい。やめられない！」と感じていることもあるわけです。

あなたは何をやると楽しいのか、つまらないのかをじっくり考えてみてください。

仕事が「自分に合う、合わない」という視点でも見てみる

嫌いなことをやり続けると、それはあなたの人生をむしばみます。心もからだも不調を訴えるようになります。最近、なんともいえない苦しさやもどかしさを感じていたら、それは、あなたが本来やるべきではないことにしがみついているからです。

そう言われて、「うゎ、自分のことだ」と頭を抱え込んだ人がいるかもしれません。

でも、そんなに大げさに考えなくても大丈夫です。いまここから少しずつ毎日を変えていけばいいのです。

自分の好きなことをやっていけば、どんどん人生は楽しくなります。嫌いなことを続けていれば、どんどん人生はつらいものになっていきます。いまから、少しずつ、毎日楽しいと思えることをスタートしてみましょう。

それは、趣味でもかまいません。元気になってきたら、何かやってみようというやる気が、自然と出てくるでしょう。

まったく同じ仕事をやっていても、その人に合う、合わないで、正反対の結果が出ます。

男女関係では相性が大事ですが、仕事にも同じことがいえます。

「給料が高い、安い」「将来性がある、ない」ではなく、自分に「合うか、合わないか」「楽しいか、楽しくないか」で考えてみましょう。

自分に合う仕事を見つけた人は、自動的に才能を開花させていきます。信じられないくらい情熱的に取り組み、新しいアイデアを次々に思いつき、それをかたちにしていけます。これは、自動的に起きることです。

ジャンルは関係ありません。料理、芸術、政治、教育、ビジネス……どんな分野であっても、活躍している人は、その人にぴったり合った仕事をしています。本人は、仕事をしているというより、遊んでいる感覚で毎日を過ごしています。自分に合った仕事をすることは、幸せと成功の鍵です。そして、それはあなたの可能性を開き、人生を楽しいものへと変えてくれるでしょう。

理想の仕事で、人を喜ばせるあなただけの魔法を使おう

仕事をどのようなエネルギーでするかで、その人の一日の楽しさは全然違ってきます。

時計をチラチラ見ながら、「イヤだなぁ」と思いながら、仕事をすることもできます。

自分の大好きなことをやっている人は、心から楽しんで、仕事に取り組んでいます。時計を見て、「もうこんな時間になってしまったのか」と思うぐらい、自分が没頭していたことに驚いたりします。

時計をチラチラ見ながら、終わらない仕事にため息をつくのと、時間も忘れて、

大好きな仕事に没頭するのとでは、充実度はもちろんのこと、仕事の結果にも大きな差が出るのは当然のことです。そして、それはそのまま報酬や地位につながります。

自分の仕事に愛を注《つ》ぎ込める人は、仕事をやっているあいだ中ずっと楽しいうえに、普通よりも高い報酬をもらっています。また、お金以外にも達成感や、お客さんからの感謝がついてきます。やや時間差がありますが、まわりにも認められるようになります。

あなたは自分の仕事に、どれだけ愛を注ぎ込めていますか。

注ぎ込めていないとしたら、それはなぜでしょうか。

理想の仕事とは、「自分の持っている才能を使って、人を喜ばせる楽しい活動」です。あなたが持って生まれた才能を使うことで、人に感謝されるのです。

それはあなた特有の「魔法の杖《つえ》」と考えてみてもいいかもしれません。あなたがひと振りするだけで、みんな大喜びしてくれるのです。この魔法の使い方を身につけたごく一部の人は、人をワクワクさせたり、喜ばせたりしながら、素敵な毎日を送っているのです。

幸せに仕事をしている人は、「今日もどうやってお客さんを楽しませようかな」とワクワクして目覚めます。そして、夜寝るときには、「今日もいい日だった。たくさんの人に感謝されたなぁ、ありがたいなぁ」と思い返しながら、幸せのうちに眠りにつくのです。

いまの世界では、残念ながら、まだ魔法を使わないでいる人が大半です。

あなたの手に、魔法の杖があったとしたら、どう使いますか？

4

家族

——縁を切っても、感情的なつながりは切れない

家族がずっと仲よくするには、努力がいる

ホームドラマなどでは、家族で食卓を囲んで、楽しく談笑するシーンが出てきますが、そうやって一家団らんを楽しんでいる家庭は、日本にどれくらいあるのでしょうか。夕食の時間になっても、子どもは塾で忙しく、お父さんは帰らず、お母さんと小さな子どもだけが食卓にいるということは、よくあることです。

昔なら、祖父母が同居している家も少なくありませんでしたが、都市部では、核家族化が進み、一人暮らしの世帯が半数近くになっています。

週末ならともかく、平日の午後6時半に家族全員で食卓を囲むというようなことは、普通の家庭では、なかなか難しいのではないでしょうか。

お互いに嫌っているほどではないにしても、本当に愛のある関係が築けている

かと聞かれたら、どうでしょうか。とくに日本人の場合には、「愛している」という言葉は、夫婦といえども、なかなか使わないものです。

もちろん、昭和の時代に比べれば、少しずつ変わってきていると思いますが、あなたのお父さんとお母さんは、お互いに「愛している」と言って手を握り合ったり、キスをしたりしていたでしょうか。たいていの人は、両親のそんな様子を想像しただけで、「気持ち悪い」と感じるのではないでしょうか。

また、兄弟姉妹とは、友人のようなつき合いができているでしょうか。

世代も同じ、小さい頃からお互いに知っているということを思えば、兄弟姉妹こそ、一番の親友になれる可能性があります。

けれども、自分の友人や親友以上に、兄弟と仲がいいという人は稀《まれ》です。

15歳ぐらいで感情的に交流がなくなりはじめることを考えると、お互いがよほど努力しないと、成人後の兄弟姉妹のつながりは、希薄になってしまいがちです。

昔のように家族が力を合わせないと食べていけない状況はなくなったので、住む場所が離れたら疎遠《そえん》になってしまうのは仕方がないのかもしれません。

せっかく縁があって生まれた家族なのに、ちょっともったいない気がします。家族との絆《きずな》を大切にしようとすると、努力と苦労がつきものです。なぜなら、ほとんどの家族は、生活のリズムや人生観、感じ方が全然違ったりするからです。たとえば、家族全員がポジティブ思考という家はほぼないといっていいでしょう。どちらかというと、長男がポジティブだったら、次男はネガティブ。長女がネガティブなら、次女はポジティブだったりして、まるで違う性格の人が存在することになります。

そして、進学、仕事、親の介護をめぐって、兄弟姉妹の意見は、ただでさえ対立したりしがちです。成人してからは、人生観、経済状況も違ってくるわけで、すんなりまとまるわけがありません。

しかし、話し合いを何度もすることで、お互いが理解し、歩み寄ることも可能です。妥協《だきょう》ではなく、メンバー全員が心から合意できたら、静かな幸せを感じるようになります。どれだけケンカしても、お互いを許し合えるのが家族のよさでもあります。

家族の楽しい思い出、苦い思い出

家族は、すべての人間関係のなかでも、もっとも不可思議で特殊な関係です。生まれたときには、あなたの家族はすでに決まっていて、自分の意思は、そこにありません。両親のもとに生まれた時点で、否応《いやおう》なく、あなたはその家族の一員になります。続いて生まれてくる弟、妹も、あなたがえらべるわけではないのです。

スピリチュアルな人は、子どもは親をえらんで生まれてくると考えるようですが、一般的には、両親を意識的にえらんだという感覚はないでしょう。

育っていく過程で、「こんな家族はイヤだ」という感情が出ることもあるでしょう。部活のチームならともかく、家族の場合はどんなにイヤでも「この家族を替えてほしい」と、チェンジを申し出ることもできません。

あなたの両親が、両親であるという事実は、一生消すことができないのです。両親とのあいだに起きたドラマや、それによるトラウマ的な感情もまた、一生消えることはありません。楽しいこともあったでしょうが、つらい体験も少なからずあるのが人生です。家族のあいだで起きたトラウマをずっと抱えて生きる人もいます。

同時に、楽しい思い出もいっぱいあるのではないでしょうか。小さい頃の誕生日会、家族旅行、大雨に降られて、全員びしょびしょになったり、行ったら宿が取れていなかったり車がパンクしたりと、最悪なことほどいい思い出になっていることでしょう。

そんなあなたの家族しか知らない体験が、思い出してみるといっぱいあるはずです。両親が亡くなってしまえば、兄弟姉妹は、その思い出を共有している唯一の仲間です。親戚も近所の人も、誰もあなたの家族に起きたことのすべては知らないはずです。

イベントの多かった家族、ほとんどなかった家族、いろいろあるでしょうが、あなたの子ども時代の思い出は、家族とともに過ごした、なにげない日常です。

それを大切にできる人は、ふだんから幸せを感じられるし、家族に対して苦々しく思っていると、ちょっとしたことに幸せを感じにくくなってしまいます。

期待が大きいと、失望も大きくなる

「家族だから、話せばわかり合える」と考えている人は少なくないと思います。でも、そう考えれば考えるほど、理解のない家族にイライラしたり、腹が立ったりするものです。なぜなら、家族は、自分が思うようには、わかってくれないからです。

仕事関係や友人関係なら、「わかってもらえなくても仕方ないな」とやりすごすことができても、「家族なのに……」と恨《うら》みがましくなるのが、家族関係なのです。

家族関係がこじれるのは、そこに隠れた「期待」があるからです。

「親なら、こういうことをしてくれて当然だ」

「親なら、こんなことはしないはずだ」

10代や20代の頃、親に対して、そんなふうに思っていたことはないでしょうか。

自分が子どもを持つ身になれば、こんどは、「自分の子どもなら、これぐらいはしてくれるだろう」「子どもなら、こんなことは絶対にしないはず」と考えてしまいます。

それが家族に対する期待です。同じことをしてもらっても、他人なら感謝するでしょう。でも、相手が家族なら当然で、「ありがとう」すらなかったりします。それどころか、自分の期待に応えてもらえないと、それは家族への失望に変わり、不満、怒り、ときには恨みに変わっていきます。

逆に、相手の期待に応えようとして、自分の行動や考えに制限をかけてしまうこともあります。たとえば、兄弟姉妹がいる人なら、「お兄ちゃんなんだから、弟に譲ってあげなさい」とか、「末っ子なんだから、お姉ちゃんの言うことを聞きなさい」といったことを子どもの頃に言われたことのない人はいないはずです。

長女、長男、真ん中、末っ子など、あなたは家族のなかで、一つの役割を背負わされてきました。気がつかないうちに、いま仕事場でも、家族のなかで押しつけられたのと同じ役割を担っている可能性があります。

あなたは、もう大人です。そろそろ家族の期待から、自分を解放してあげましょう。

兄弟姉妹と楽しくつき合うと、人生は豊かになる

あなたには兄弟姉妹がいるでしょうか？

一人っ子の人は、兄弟や姉妹がいる人をうらやましく思っているかもしれません。逆に、兄弟姉妹がいてあんまり仲がよくなかった人は、「一人っ子のほうが全然よかった」と思っていたりします。

兄弟姉妹と仲が悪いというわけではなくても、兄や姉、弟や妹との行き違いや誤解によって、苦々しい思いを体験してきたという人は少なくないでしょう。そして、その苦々しい思いを、現在まで引きずっている人が結構います。

そのために、大人になってからも、兄弟姉妹と友人のように食事をしたり、旅行

をしたりする人は、案外少数派です。それぞれに自分の家庭を持つようになると、兄弟姉妹に会うのは、お盆や年末年始の里帰り、法事くらいという人は多いと思います。けれども、疎遠になったのは、忙しかったり、遠くに住んでいるという時間や距離の問題ではなく、過去からの軋轢《あつれき》が癒《い》やされていないことが理由だったりします。

これからの人生で、兄弟姉妹とどうつき合っていくのかを考えてみましょう。親が倒れて、介護が必要になったとき、ちゃんと話を聞かない、手伝わない、お金を出さない兄弟姉妹に、怒りを感じることもあるかもしれません。

そうはいっても、いざというときに、やっぱり頼れるのも、兄弟姉妹です。ふだんからいい関係を持っていたら、彼らの存在は、なんとも心強いものです。

成人してからお互いが離れて暮らしている場合、月に一度会って家族全員で食事をする機会は、なかなかつくれないかもしれません。でも、できる範囲で定期的に会ったり、電話やメールをしたりすることはできます。兄弟姉妹のつながりが強固な人は、精神的にも強くなり、人に優しくなれます。

ぜひ、あなたなりのやり方で家族の絆を強めてください。

家族の意味を考える

そうは言っても、「家族のことなんて考えるのも面倒だ」と思っている人も多いかもしれません。

とくに、親や兄弟姉妹といい関係が築けていない場合や、家族とのあいだで起きた過去のわだかまりがまだ解消されていない人は、そう感じているでしょう。人によっては、「いっそ家族なんかいないほうがいい」と考えているかもしれません。

ここであらためて、自分にはなぜ、この家族がいるのかを考えてみましょう。

家庭は、人が、「人とつながる」ことを学び、社会のなかでどう生きるかのレッスンを学ぶ場所です。

人とのつき合いは、遠すぎては関係が築けません。かといって、近づきすぎては、お互いが息苦しくなります。

適度な距離を保ちながら相手を尊重する関係を築くには、どうすればいいのか。それを最初に学ぶのが、家庭です。その生徒が家族です。

ここで勘違いしがちなのは、両親が先生でないところです。家庭に先生はいません。家族全員が生徒です。両親が先生だと考えている限り、あまりたいしたことは学べません。なぜなら、人間関係のレッスンには、先生が存在しないからです。私たちは、すべて生徒だというスタンスでないと、お互いから学べなくなってしまいます。

あなたにとって、家族とは何でしょうか。

離れたい人たちでしょうか。もっと近づきたい人たちでしょうか。

自分が望む関係を築けているでしょうか。

自分を好きになり、人を尊重すること。それを学べる最高の仲間が、あなたに与えられた「家族」です。「相手を尊重すること、謝ること、許すこと、感謝し合うこと」をあなたは、家族からどう学んだでしょうか。

「ありがとう」と「ごめんなさい」が半分ずつぐらいあるのが理想です。

いつの日かすべての家庭で、「自分を尊重し、相手と楽しくつながる」ことを学び合えるようになったら、素敵だと思います。

両親や家族とどう和解するか?

「家族に感謝だって? あり得ない。だいたい私の父(母)が何をしたか(しなかったか)知っているんですか?」と、いまイライラしている人も多いはずです。

それは家族とのあいだで起きたドラマで、まだ許せないことがあるからです。

兄弟姉妹、両親に対して、友情を感じるどころか、過去の莫大な痛みから、相手に「早く死んでほしい」とすら思っている人も、この本を読んでいる人のなかにはいるでしょう。私もかつてそうでしたから、その気持ちはよくわかります。

『20代にしておきたい17のこと』(だいわ文庫)から始まった拙著のシリーズは、たくさんの方に読んでいただき、数え切れないほどの感想もいただきました。その感想のなかでいちばん多かったものが、「両親とどう和解するか」に関するものでした。

このシリーズでは10代から60代まで世代ごとに「しておきたいこと」を書いてきたわけですが、私はどの本でも両親と和解することについてふれてきました。

若いときならともかく、60代になったら、親のことなど、それほど気にすることではないと考える人もいるでしょう。ですが、両親に対していつまでもわだかまりを持っている人は少なくありません。そして、そのわだかまりは、たとえ70代、80代になっても消えてなくなることはありません。

私はあるインタビューで、70代の男性が泣きながら、父親への憎しみを延々と語るのを聞いたことがあります。どんなに成功した人でも、幸せに見える人でも、両親へのわだかまりが消えない限り、心から平安を感じることはできないんだなと思いました。

家族に限らず、相手との関係で、「あのとき、なんであれをやってくれなかった?」「どうして、あそこまでひどいことを言うんだろう?」という恨みエネルギーがまだ残っているとしたら、それはあまり幸せな状態とはいえないでしょう。

彼らの顔を思い浮かべたときに、心から感謝がじんわり出てくる状態になっていないとしたら、それは和解ができていない証拠です。あなたがいま何歳でも、そして両親がすでに亡くなっていても、和解することはできます。

和解の第一歩は、両親とのあいだに起きたこと、そして、「両親がやってくれなかったこと」「両親にしてほしくなかったこと」を一つひとつ思い出すことです。あなたが子どもの頃、両親の人生はどんな感じだったか、想像してみてください。いまのあなたの人生と同じように、すべてが理想の状態ではなかったはずです。

当時の両親とのあいだで「起きたこと」「起きなかったこと」を受け入れるプロセスが必要です。それをしないと、ずっと心に澱《おり》のようなものを抱えて生きることになります。

両親との関係を癒やすには、莫大なエネルギーが必要です。何度もあきらめそうになるでしょう。とくに、相手が協力的でないときには、徒労感が強くなると思います。

でも、それをやる価値は十分にあります。私自身も、両親と和解したいと真剣に考えてから、それが実現するのに何年もかかりました。私の体験を少しお話ししましょう。

「家族とのつながり」が安心感と勇気をくれる

私が20代の頃、離婚したのをきっかけに、自分と向き合うようになりました。

私の祖父と父親がアルコール依存の問題を抱えていたので、その影響が少しはあるかもしれないと思っていましたが、私自身はお酒を飲まないので、彼らとは違う、自分は大丈夫だとずっと思っていました。ところが、アルコール依存の人がいる家庭で育った子どもは、アダルトチルドレンといわれ、お酒を飲まなくても特有の感情的問題を抱えているということを知り、その特徴がそのまま自分にあてはまっていることに衝撃を受けました。そして、「飲まないアル中」という状態に自分がなっていることに気づき、自分の子ども時代と向き合うことを決めました。

その後、私は、家族と自分を癒《い》やす旅に出たといえます。家族関係やセラピーをテーマにした本を手当たり次第読みました。ジャンポルスキー博士の『ゆるすということ』『愛とは、怖れを手ばなすこと』（ともにサンマーク文庫）など、何度読んだかわかりません。

父親の飲酒から来る暴力やコントロールは、私が小さい頃は本当にひどくて、そのことは私の家族に暗い影を落としていました。子どもの頃、父が暴れだすと、弟と一緒によく二階の窓から庭に逃げたものです。酔っぱらって抜き身の日本刀を振りまわす父の阿修羅《あしゅら》のような顔を、いまでもはっきり覚えています。あんな状態で、誰も大けがをしなかったのは運がよかったとしかいいようがありません。

大学生になった頃から、父と私は感情的にぶつかり、何度も勘当《かんどう》されました。そんな関係だったので、父親のことが憎く、とても許せない状態がずっと続いていました。父と和解することは考えられず、そのために自分も憎しみでがんじがらめになっていました。

ですが、両親との和解を真剣に意図してから数年して、そのチャンスはやってきました。

私が、父に「僕はぜんぜんいい息子になれなくて、ごめんなさい」と謝りました。あとは父が、「お父さんこそ、つらい思いをさせて申し訳なかった。許してくれ」と泣きながら謝ってくれて、涙の握手になるという感動のシーンを私は、勝手に期待していました。

しかし、実際には、私が謝ったあと、父は大げさにハァーとため息をつき、「ようやくおまえもわかったか。大人になったな」と言うではありませんか。「切れる」というのは、このことかと思うぐらいの怒りが噴出して、人生で初めて自分の怒りを抑えられなくなりました。家族間の殺人はこうして起きるのだ、と自分が怖くなったほどです。

もちろん、和解どころではありません。怒りを抑えることができず、激怒したまま家を飛び出しました。

自分には、そして父にも、和解ということは、一生ありえないと確信しました。

しかし、その後も、何度も許しの大切さを本で読み、思い直しては、そのつど神戸の実家に帰りました。そして、過去の話を切り出しても、のらりくらり逃げられたり、うるさいなと怒られて、会話はそこで終了です。

十数回目の挑戦の後、ようやく父としっかり話ができました。父から「じつは、お父さんも苦しかった。おまえには本当に申し訳なく思っている」という言葉を引き出しました。

そして、父の口から「おまえを息子として大切に思っている」と、生まれて初めて言ってもらいました。私は、父のその言葉を宝物として一生大事にすると思います。

しばらくたって、家族5人がたまたま一緒にいたとき、このときしかないと思って、「みんなに本当に感謝している。僕は、もう一度生まれてきても、この家族をえらびたい。みんな大事に思っている。愛している」と勇気をふりしぼって言いました。もうそのときには、涙を止めることができませんでした。最初は、そんな私に驚いた様子の家族も、真剣に話を聞いてくれました。すると父も泣き出し、誰が言い出すことなく、全員で手をつなぎました。しばらくずっとみんな泣きながら、手をつないだまま、お互いを見つめました。

父も母も姉も弟も、長いあいだ感じていたわだかまりを、その涙で溶かしたようでした。改築前の実家の台所で起きた、あのときのシーンを私は一生忘れないでしょう。

私の人生には、妻と結婚したとき、娘が生まれたときなど、幸せの瞬間がたくさんありましたが、自分の家族がつながったあのときは、まさに奇跡が起きた瞬間でした。

それから、私の人生は劇的によくなりました。何より、小さい頃から感じていた暗い影が消え、それが「何かいいことが起きそう」という予感に変わりました。家族と愛で溶け合ったら、それまで感じたことのない心の平安がやってきました。

自分の将来の方向性も、霧が晴れるように見えてきたのは、その直後でした。ずっと決められなかった結婚を決め、それに合わせるように、急にレベルの高いクライアントが次々に紹介でやってきて、収入も不思議に大幅アップしました。

朝起きたらなんだか幸せで、それはしばらく前には考えられないことでした。あれほどけんかして憎かった父とも、実家に帰るたびに、いろいろと語り合い、父の子ども時代の話を聞いては、二人で泣きました。東京に帰るときは、必ず握手して別れるようにしていましたが、いつも父は涙目になっていました。父が亡くなる直前には、心から感謝もできて、本当に愛おしい存在になりました。

家族とつながる前と後では、こんなに人生が違うのかと、驚きました。

いまでも、不安になったり気分が落ち込んだりしたとき、あのときのキッチンでの家族の姿を思い出すようにしています。それだけで、自然と勇気が湧いてきます。

家族と和解するには、長い時間と努力が必要です。何度も投げ出したい気持ちにもなると思います。でも、それは必ずあなたの幸せの基礎をつくります。

許しの扉が開くとき、やすらぎがあなたを包んでくれるでしょう。

5

パートナーシップ

――天国と地獄への扉

パートナーシップの道はハイリスク、ハイリターン

パートナーシップ（男女関係）は、「人の幸せをもっとも大きく左右する要素」です。

男性同士、女性同士のカップルにも、まったく同じことがいえます。それは、心から愛する人と一緒にいることで、人は幸せを感じるようになっていて、逆に、自分は愛されていないと感じると、すごく不幸になるためです。

この世の中でもっとも幸せな人は、彼氏や彼女ができて、数週間の人です。彼らの目に映るものはすべてがバラ色で、相手のためなら命だって惜《お》しくないという気分になります。

残念ながら、その夢見心地の時間は、短くて数ヶ月、長くても数年しか続かないことを、ほとんどの人が体験から知っているでしょう。空港でも、ゲートの外で愛しい人をはにかみながら待っている人は、つき合いだして間もないカップルです。

「幸せと恋愛の研究」で行われたある調査では、もっとも幸せな人は「パートナーシップがうまくいっている人」でした。愛する人と一緒に暮らしている人です。けんかしたり、意見の違いがあったりしながらも、お互いを理解し、サポートできる関係を持っているカップルは、なんともいえない幸福感を感じながら生活しています。

2番目に幸せな人は、「いいパートナーシップを持っていたけれども、パートナーが亡くなった人」です。この人たちは、愛するパートナーの思い出を心に持っているので、寂しさを感じながらも、幸せに生きることができます。なぜなら、自分は愛されているという感覚を、パートナーが亡くなったあとも持ち続けているからです。

3番目は「パートナーがいない人」です。パートナーがいなくても、楽しい友人がいて、面白い仕事をやっている人は、けっこう幸せに生活できます。クリスマスやお正月など、寂しくなる時期さえうまくやりすごせば、そんなに不自由もありません。パートナーがいても、けんかやもめ事が絶えないとしたら、二人でいるより一人でいたほうが気が楽でいいと感じています。

4番目が「パートナーシップが終わって、別れたばかりの人」です。恋にやぶれて、悲しみのどん底にいたり、相手に対しての思いが残っていたりするとき、普通の状態よりも幸せ度が低くなるのは当然です。これは、誰でも理解できるのではないでしょうか。

そして、もっとも不幸な人は、「パートナーシップが破綻《はたん》した直後で、相手のことを許せなくて怒っている人」です。相手にひどいことをされたという、やり場のない怒りと恨みにさいなまれている人は、なかでも、いちばん不幸だといえるでしょう。

パートナーシップの道は、ハイリスク、ハイリターンなのです。うまくいけば最高に幸せになれますが、失敗するとものすごく不幸で、みじめになるギャンブルの世界です。

人生で最高に幸せになりたければ、幸せなパートナーシップを目指すことです。しかし、パートナーシップが一時的にうまくいっても、その後関係がダメになると、この世界でもっとも不幸な人になります。

パートナーシップを持たないと、最高に幸せにはなれないかわりに、最低にもなりません。最近では、パートナーが欲しくないという草食系の人が増えたといわれますが、不幸になるリスクを考えれば、賢い選択といえなくもないでしょう。

一人旅、それとも二人旅？

パートナーシップとは男性同士、女性同士、男女のカップルすべてを含めて、結局は、誰かと人生を分かち合うということです。

あなたのパートナーは、あなたがこの地球に存在したことの証人です。同じようにあなたは、あなたのパートナーがここにいたことの証人でもあるわけです。

地球というこの世界で、あなたが体験したさまざまなこと、楽しかったこと、嬉しかったこと、苦しかったこと。何を考え、何を感じたのか、どんな思い出をつくったのか。それがちゃんと実在したことを証明してくれる存在が、あなたのパートナーです。

もちろん、パートナーシップを持たない生き方もあります。

それは否定されるものではありませんし、シングルでいることが問題でもありません。世間では、ある程度の年齢を過ぎても結婚しないことが、あたかも人格的に問題があるかのように言う人がいますが、そんな声を気にする必要はありません。世間的な偏見に惑わされていては、あなた自身の幸せを逃してしまいます。

これからの人生を楽しむとしたら、あなたはどうしたいでしょうか？

あなたは、自分が望む生き方を選択していいのです。

一人旅には、独特の楽しみがあります。

二人で行く旅行の楽しさは、また一人旅とは違った種類のものです。

シングルで生きるのは、一人旅。パートナーシップは、二人で行く旅だと思ってください。どちらを楽しみたいかは、あなた次第です。

一人の楽しみもあるし、二人だから旅の途中、いろいろ語り合えることもあります。

これを機会に、自分のパートナーシップの状態と向き合ってみましょう。

一人でいることが寂しいと感じたあなたは、ぜひパートナーを探してください。

一人のほうが気楽で楽しいと思ったあなたは、シングルライフを心からエンジョイすればいいのです。いずれにしろ、あなたなりの幸せに、より近づいたことになります。

パートナーシップは、あなたのなかに眠る生々しい感情を引き出す

パートナーシップが人の幸せを大きく左右する理由は、それが人のなかにある、もっとも強くてリアルな感情を引き出す作用があるからです。

その人の持っている愛や喜び、情熱などのポジティブな感情はもちろんのこと、嫉妬《しっと》、怒り、憎しみ、悲しみというネガティブなものすべてをパートナーシップは表に出します。

誰かとつき合いはじめの頃、世界のすべてを敵にまわしても、その人を守りたい、あるいは尽くしたい、すべてを捧げたいと、強く思った体験がある人は多いと思います。

「相手のためなら命を差し出してもいい」という気持ちが、恋愛の初期には湧いてきます。

ところが、結婚して数年もすると、関係がマンネリ化します。夫婦でテレビを見ているときに、どちらが床に落ちているリモコンを拾うかで、5分もけんかしたりするのです。

ほんの数年前には、命がけでこの人を守りたいと思っていたのが、その人のために、たった2歩歩いてリモコンを拾うこともイヤになる。これがパートナーシップで起きがちなことです。思い当たる人は、これを読んで笑っているはずです。

恋愛の初期の頃にあった情熱が強いほど、二人の関係に影がさしたときに出てくるネガティブな感情も大きくなります。劣等感、無価値感、嫉妬、怒り、憎悪などが、ちょっとしたことがきっかけでマグマのように噴出します。

あなたも、パートナーがささいなことで鬼のように激怒して、びっくりしたことがあるかもしれません。あるいは、ほんの数ヶ月前には、パートナーの写真を見せびらかしながらのろけていた、ふだんはおとなしい友人が、浮気事件をきっかけに、相手に対する怒りをぶちまけるのを目撃したかもしれません。

浮気されて怒りが出るのは、それだけ相手を信じていたからです。なんとも思っていなかった相手なら、それほど腹は立たなかったはずです。好きな相手だからこそ、そのぶん許せないことがあるわけです。その意味では、「家族」の章でお話しした「期待と失望」と同じことが起きています。期待したぶんだけ裏切られたと感じるのです。

パートナーシップはこうして成長する

パートナーシップには、成長の段階があります。それは「ロマンス」から始まります。

それまで別々に生きてきた二人が、あるところで出会い、互いに惹かれます。それが同時に起こることもあるし、ちょっとした時間差で起きる場合もあります。最初は、どちらかが相手を好きになり、見初《みそ》められたほうは、最初は「ぜんぜんピンとこなかった」という場合でも、何かの化学反応が起きて、ロマンスに発展するのです。

ロマンスの初期は、恋をしたことのある人なら誰もが体験するように、好きな相手のことをもっと知りたいと強く思います。そして、相手のすべてを受け入れたいと思い、また、相手にも、自分のすべてを知ってもらいたいと感じます。お互いの人生のことを洗いざらい徹夜で話して、時には笑い、時には涙して、濃密な時間を過ごします。

恋をして天にも昇るような気持ちになるのは、まさにこの段階ですが、これは、美しい誤解に基づく幻想です。

相手が自分のことをすべて受け入れたわけではなく、「この人はすべてを理解したうえで、私を受け入れてくれた」という一方的な幻想を抱いたにすぎません。

でも、そうした期待と幻想が情熱となってパートナーシップをスタートさせるわけで、それがいけないというのではありません。できれば、その幻想が続いて、一生ハッピーでいてもらいたいと私も思いますが、そうならないのがパートナーシップの現実です。

二人の関係が進むにつれて、美しい誤解は解けて、幻想は徐々に消えていきます。

「あれ?」と思うことが多くなり、相手が、自分が思っていた理想の人ではないことに気づきます。

誠実だと思っていたのにいい加減だったり、几帳面《きちょうめん》だと思っていたのに部屋はちらかっていたり、ちょっとしたことから、メッキがはがれてきます。

幻滅しているのは、お互いさまで、だんだんロマンスの炎は小さくなっていきます。恋愛初期にはバラ色だった二人の関係が、だんだん灰色に変わっていくのです。

そして、家族関係で起きたのと同じように、わかり合い、感謝し合う関係が、お互いに対する期待と要求の応酬に取って代わることになります。

「自分のことを愛しているなら、もっと○○してくれるはずだ」

「自分のことを愛しているなら、絶対に○○はしないはずだ」

お互いが相手に対して、そうした期待を抱くのです。でも相手は、それに応えてくれません。たとえ応えてくれたとしても、あなたは「もっと」と望むはずです。

あなたを責めているのではありません。これは、パートナーシップの成長過程として、誰もが通る道なのです。

この期待と失望の時代を経て、パートナーシップは砂漠の地へと進んでいきます。

「もう、こんな人とは一緒にいられない」

そこまで来て、パートナーシップは、次のレベルのスタート地点に立つのです。

そのスタート地点には、二つの道が用意されています。一つは「関係が終わる」道、そしてもう一つは、「より深い関係が始まる」道です。

相手のイヤなところを知ったうえで、とても一緒には生きられないと決めるのも一つの選択です。そうすると、そのパートナーシップは、そこで終わります。

一方で、相手に見るイヤなものは、じつは自分の姿にほかならないと感じることができたら、二人の関係は、「再誕生」の方向に進んでいきます。相手のいい加減でダメなところは、自分にもあるし、そういったことを許し合い、受けとめられることがパートナーシップの意味だと思えるかです。これは決して楽なプロセスではないかもしれません。

なぜなら、誰も自分のネガティブな部分に向き合いたくはないからです。

パートナーを変えて違う人と一緒になったらうまくいくと思うかもしれませんが、相手を変えても、数年たつと同じことが起きます。それは、自分が抱えるニーズは変わらないからです。あなたにもそういう経験があるかもしれません。覚悟を決めて、もう一度、この人とやり直してみようと、お互いが真摯《しんし》に向き合えれば、二人でロマンスを取り戻せる可能性もあります。

お互いに見るニーズを、それぞれが受けとめて愛することができれば、二人はまた恋に落ちます。「やっぱり、この人しかいない！」となるからです。このステージにいくことができれば、二人の結びつきは、ぐっと深くなります。

リスクを取ったカップルほど幸せになれる

パートナーシップは、どれだけリスクを取るかで、その深さが違ってきます。

リスクを取るというのは、できれば隠しておきたい自分の弱さを相手と分かち合うことです。恥ずかしい部分や自分に価値がないと思っているところ、自信のなさをパートナーに明らかにすることです。弱音をはいたり、愚痴《ぐち》を言ったりするのとは違います。

それすらできないカップルも多いと思いますが、「これを言ったら相手に嫌われるだろうな」と思うようなこともお互いに言い合えないと、二人の関係は深くなりません。

大多数のカップルは、単なる親しい同居人として、表面的な部分だけを分かち合って暮らしています。だから、子どもが生まれたあとは、つながりもロマンスの炎も消え、セクシャルなエネルギーがほぼゼロになってしまいがちです。

コミュニケーションも、家族間の業務連絡になってしまい、そこに男女の愛の交流やいたわりは見られません。

もちろん、夫婦には、さまざまな形態があります。

一緒に住むのが夫婦だと思っている人は多いかもしれませんが、仲がよくても、やりたい仕事が別々の地域にあるために、別居を選択する夫婦もいます。

口論は絶えないのに、深いところでつながっている夫婦もいれば、一度もけんかしたことがなくても、お互いに理解し合えていない夫婦もいます。いい悪いではなく、二人が、距離を保って生活したいのか、それとも親密さを大切にしたいのかによるでしょう。

たとえば、「お金を共有したくない」「つらいことがあっても干渉されたくない」というのは極端な例ですが、これでは、二人が一緒にいることの意味がなくなります。

「リスクを取る」というのは、相手に近づくために、あえて危険を冒すということです。

相手に捨てられたくない、もっと愛してほしいという感情を、勇気をもって正直に話してみましょう。最初は照れくさいかもしれませんが、「じつは自分も……」という感じで、相手もハートをオープンにしてくれるかもしれません。

「出会いに運命を感じる人」ほどうまくいかない

世の中でパートナーシップほど、運命を感じさせるものはないでしょう。

私の知り合いに、海外のある場所で出会った人に、一ヶ月後に、また別の場所で会って結婚した人がいます。それは、偶然以上の何かに導かれたと、二人が感じたからでしょう。

そこまで劇的ではないとしても、結婚したてのカップルに二人の出会いを聞いたら、ほとんどが「運命的な何か」を感じたといって、面白いエピソードの一つや二つはしてくれるはずです。二人は運命に導かれて、幸せをつかんだと思っているわけです。

でも、ここで少し意地悪な見方をすれば、そうして運命的に出会った二人が、数年後には、ののしり合っているかもしれません。

日本の最近の離婚率は35パーセント、3組に1組が離婚していることを鑑《かんが》みれば、預言者でなくても、確率的にそう言えるわけです。

ある人が結婚したのは、交通事故がきっかけでした。ふだん行かない道を左に曲がってトラックにはねられ、入院したそうです。「なんて不運なんだ」と思ったけれども、入院中に、隣の患者さんを見舞いに来た素敵な女性と知り合い、結婚することになったのです。彼は結婚当初、トラックにはねられたことを神様にどれだけ感謝したかしれません。

これだけだとハッピーエンドですが、その数年後、二人が大げんかして、お互いをののしり合った末に離婚することになったらどうでしょう？

「どうして、こんな人と結婚してしまったんだろう」と後悔するに違いありません。

「あのとき、交通事故にさえ遭わなければ」「ふだん行かない道にさえ行かなければ」「左にさえ曲がらなければ」と何度も悔やむに違いありません。

パートナーシップに、必要以上に運命を求めると、そのぶん、あとで裏切られたような気分になることがあります。

「運命の出会いだ！」と舞い上がらずに、冷静な視点からも、自分のパートナーシップを見てみましょう。

人を愛すること、人に愛されること

パートナーシップが教えてくれる大切なことは、二つあります。

その一つは、「人を愛すること」です。そして、もう一つは「人に愛されること」です。それは、家族関係、友人関係でも、学ぶことができるものですが、パートナーシップは、「愛に関する集中レッスン」と言ってもいいぐらい、深い学びを提供してくれます。

私たちは、ふだん何に対してもあまり愛情を感じずに生活しています。それほど好きでもない地域にある、まあまあの家に住み、好きでもない仕事に出かけていくのです。

そんな状態の人が、ひとたび誰かのことを好きになると「好きスイッチ」がオンになります。すると、相手のことだけでなく、世界のすべてに愛を感じはじめます。道を歩いている人にも「愛してる！」と話しかけたくなるぐらい幸せを感じます。誰かにあるがままで愛されていると感じられると、世界は違って見えます。その状態は一時的なものですが、パートナーシップが深まることで、落ち着いた愛を日常的に感じられるようになります。

そうやって、「愛する、愛される関係」を続けていくようになると、この世界には、じつは愛がたくさんあることが見えてきます。それは、家族のなかに、仕事仲間とのあいだに、近所の人、満員電車のなかですら、見つけられるようになります。愛を見いだすために、必ずしもパートナーが必要というわけではありません。大切なのは、心を開いた状態でいることです。あなたに大好きなものがあれば、それをもっと愛してください。きっと、日常的に愛を感じられるようになってきます。

もし、何も好きなものが見つからない人は、それを探すことから始めてください。

「愛すること」と「愛されること」は、人生に幸せをもたらす鍵です。

あなたのこれからの人生をぜひ愛で満たしてください。

6

時間

——貯められない資産をどう使うか

あなたは時間を上手に使えていますか？

あなたは自分の時間を、どんなふうに使っていますか？

たまの休みだからと寝坊して、遅いブランチを食べながらテレビを見ていると、気がついたら夕方になっていた。そんな経験はありませんか。

あなたが、そうやって過ごしている同じ頃、郊外に出て、緑に囲まれたレストランで、気の置けない仲間たちとゆったりランチをとった人もいたかもしれません。部屋の片づけに取り組んで、夕方までには部屋も気分もリフレッシュしたという人もいるかもしれません。あるいは、自分が将来やってみたい仕事で成功している人の講演会に行き、新たな人脈ができて、ワクワクしながら時間を過ごした人もいたかもしれません。

同じ休みの午後の過ごし方ですが、人によって全然違います。

お金は、使える金額に制限がありますが、時間の使い方にはまったく制限はありません。ダラダラ無駄なことに使うこともできれば、能率よく使うこともできます。

誰もあなたの時間の使い方をチェックしないし、有効活用しなかったからといってなくなってしまうものでもありません。そのあたりが、時間とお金の違うところです。

時間は、毎朝すべての人に与えられ、使い方は個々人の自由裁量に任されています。そして、今日無駄に時間を使ったから明日もらえる時間が減るわけでもありません。

どんな人にも、次の日、かっきり24時間がまた与えられます。お金は、上手に使わないと減ってしまうのでわかりやすいし、その使い方に関して後悔したり、反省したりすることもあるでしょう。でも時間は、どれだけいい加減に使っても、翌日平等に与えられるので、「まぁ、いいか」となりがちです。イメージでいうと、お小遣いを毎日与えられて、何に使ったかノーチェックの状態になっている小学生のようなものです。

そのせいか、多くの人が、時間という資産を慎重には扱っていません。でも、ちゃんと考えていないと、手からこぼれ落ちるように、あなたの時間は無駄に失われていきます。

あなたは、自分の時間を、どれだけ上手に使えていますか?

時間泥棒を追放する

どんな人にも、なんとなく過ごしてしまうダラダラ時間というのはあります。

友人、職場の上司、同僚、後輩、取引先の人に飲み会に強引につれていかれて「囚《とら》われの身になった」体験は、誰にでもあると思います。

両親、兄弟姉妹、家族や親戚、義理の両親、ご近所さんのお誘いにも、すべてにつき合っていたら、時間はいくらあっても足りません。

人のお金を盗んだら犯罪になりますが、人の時間を奪っても、いまの刑法では、処罰の対象になりません。

「ちょっといいですか?」と道でセールスの人に話しかけられて、不愉快だなと思ってきっぱり断ったことは誰にでもあると思います。

そんなふうに自分を守らなければ、大切な資産である時間は、波に削られる浜辺の砂のお城のように、あっという間に消えてなくなります。

「時間泥棒」は、人である場合もあれば、テレビやゲーム、インターネット、ブログ、Facebookかもしれません。探していくと、時間を奪っていた犯人は、結局、自分自身だったということもあるでしょう。

そんな時間泥棒から自分の時間を守るためには、時間を使う際の「ルール」が必要です。

お金だったら、自分が何にどう使うか、だいたいの予算を考えると思います。同じように、時間を使うときに優先順位をつけるのです。

たとえば、「週末は家族との時間を優先する」という基準があれば、仕事のつき合いは、それを理由に断ることができます。

年代によっても違うと思いますが、自分にとって大切にしたいものを決めておくと、後悔のない時間の使い方ができるようになるでしょう。

効率を目指すと、つまらない人生になる

時間が限られた資産ならば、できるだけ効率よく使いたいものですが、時間の面白いところは、効率よく使おうと頑張りすぎると、人生がつまらなくなってしまうことです。

ここは、お金とちょっと似たところです。お金をまったく無駄遣いしない節約人生と、適度に無駄があって、お金を楽しむ余裕のある人生のどちらかをえらべるとしたら、あなたはどちらに魅力を感じますか？

ほとんどの人が、無駄遣いができる人生のほうをえらぶと思います。時間も同じです。他の人には無駄に見えるような時間が、あなたにとっては至福の時間だ

ったりします。

私の友人に、鉄道模型が趣味の人がいます。時間ができると、趣味の部屋に閉じこもり、一日中小さな電車がグルグル部屋の中を回るのを見て楽しむそうです。

熱烈な鉄道模型ファンを怒らせてしまう覚悟で言うならば、それのどこが楽しいのか、私には、さっぱりわかりません（ごめんなさい！）。でも彼にとっては、かけがえのない時間なのです。奥さんに、株で損した罰として、「あなた、電車を見るのは一日5周までよ」と言われたときの彼の悲しそうな表情をイメージしてみてください。

効率を求めると、趣味には一切時間を使ってはいけなくなります。でも、そんなつまらない人生に生きる価値があるのか？　ということになってきます。

冗談ですが、「人生を最大限効率よく生きたいなら、いますぐに死ぬこと」です。そうすれば、これ以上、無駄な出費もないし、失恋、転職の失敗などの心配もしなくていい。そのかわりに、ハラハラ、ドキドキ、達成感、幸せを感じることもないでしょう。

時間は、効率よく使うのではなく、あなたが心から楽しいこと、ワクワクすることに使ってください。お金と同じように、無駄を排除しすぎないことです。無駄にこそ、本当の豊かさがあることを忘れないようにしたいものです。あなたは、「時間を無駄にしないために生まれてきた」のではありません。「心から充実した時間を楽しむために生まれてきた」のです。

感じ方で時間の速さは変わる

時間は、過ごし方によって、長さの感覚が全然違います。雨のなか、駅前で取引先の人を待っている時間は、とても長く感じるものです。たとえ10分でも、遅れた相手が来るのか来ないのか連絡もないまま、ただ待っているのは苦痛です。

同じ状況でも、久しぶりに会った親友とおしゃべりしているなら、10分はあっという間に感じられるでしょう。先週つき合いはじめた恋人となら、一瞬に感じるはずです。

同じ10分でも、その人の心の状態で、長さの感覚がまったく違うというのが、時間の興味深いところです。

金曜日の夕方近くになって、やっと今週の仕事も終わるというときに、上司から、「これを今日中にやってくれないか」と仕事を押しつけられたら、どうでしょうか。

イヤな仕事をやっていたら、1分が1時間のように感じられるでしょう。けれども、大好きな人とデートに行くのなら、一日が1分のように過ぎるかもしれません。

私は、20代の頃、いろんな分野で活躍している人たちに会ってお話を聞いてきました。そのときに、「一日が一瞬で過ぎるような仕事をしなさい」と言ってくれた人がいました。それを聞いたとき、「損しているようでイヤだな」と正直思ったものでした。

現在、私は、作家として本を書いたり、何千人もの前で講演をやったりしていますが、そういうときに、まさしく時間が一瞬で過ぎてしまうように感じることがあります。あなたも、ギターを弾いたり、お花を生けたり、アロマオイルを調合したり、料理をしたりするとき、時間が止まったような気分になったことはありませんか？

このクリエイティブなゾーンに入ると、まるでワープしたかのような感覚になります。自分のゾーンに入ったとき、人は至福の体験をします。アーティストやスポーツ選手は、なんとかこのゾーンに入るために、自分なりの儀式をつくって頑張るわけです。

幸せに成功している人を観察してわかったのは、彼らがゾーンを出たり入ったりしていないことです。彼らは、ゾーンのなかで生活しているのです。

時間が足りなければ、人に貸してもらうのもあり

そうは言っても、時間が足りない！　と感じている人は多いのではないでしょうか。

時間はすべての人に平等に与えられていると言いました。たしかに、その通りです。

その与えられた時間を上手に使うことが大切ですが、その手段として、誰かに時間を貸してもらうこともできます。

たとえば、家事代行などのサービスを使って、家事を誰かにやってもらうのも、時間を借りる一つの方法です。そんなの贅沢《ぜいたく》だと思う人がいるかもしれません。主

婦の人のなかには、家事を頼むなんて、サボっているように感じる人もいるでしょう。

でも、やりたいことのための時間をつくるのだとしたら、どうでしょうか。

家事を別の人にお願いして、自分がそれに費やすはずだった時間を、ほかのことに生かしてお金を稼ぐという方法もあります。そんなお金の余裕がないという人もいるでしょう。なにもお金を使わなければ、できないわけではありません。

たとえば、片付け名人の友達に部屋の片づけをお願いしてみましょう。あなたはその人が片付けてくれているあいだに、好きな料理をつくって夕食をごちそうしてあげればいいのです。お互いに、自分の大好きなことができるなら、交渉成立です。

21世紀は、そういうかたちで生きる人が増えていくと思いますが、その生き方を先取りしてみるのも楽しいのではないでしょうか。

人は一人では生きていけないといいますが、たしかに、自分だけでできることには限りがあります。いまは便利な時代になりました。昔なら、大金持ちでなければ無理なことでも、誰にでも手が届くくらいの値段でやってもらえるようになってきました。

また、自分の時間を喜んで貸したいという人も、この世界にはいます。そういう人と、お互いにやりくりをするということは、十分に可能なことだと思います。あなたが、本当に大切だと思うことに時間を使ってください。そのぶん幸せになれるし、自分にも、まわりにもやさしくなれます。

自分に残された時間は、あとどれだけ？

これからどう生きるかを考えるとき、「自分に与えられた時間は、あとどれくらいあるのだろう？」と考える人もいるでしょう。

10代、20代のときには、進路、恋愛などで悩んでいるうちに、時間はあっという間にすぎていきます。

30代、40代になると、自分の時間など、この世には存在しないぐらい忙しくなります。自分の子どものため、あるいは年老いた両親のため、仕事を持っている人なら会社のために、ただただ忙しい毎日が過ぎていきます。

ここで、人生を観覧車に見立ててみましょう。ゴンドラは、地上を離れて、10

代、20代と上がっていきます。それは80歳でちょうど一回りすると考えると、頂上が40歳のとき。そこからゴンドラは下降して、人生の終着地点に到着するというわけです。

40歳を過ぎたあたりでは、ゴンドラが下がりはじめたことに気づけないかもしれません。まだ30代のノリをひきずっていて、自分はまだ若いと思っているはずです。まさか自分がピークを過ぎて後半戦に入っているなんて、そんな実感は持てないでしょう。

それに気づくのは、50代、60代になってからで、いまさらながらに、人生の終局面にさしかかっていることに焦《あせ》ったりします。

「時間」は、お金や不動産と違って、すべての人に公平に与えられる興味深い資産です。

世界的なお金持ちにも、お金がない人にも、病気の人にも、元気な人にも、才能がある人にもない人にも、時間は平等に与えられています。

時間は一日単位で与えられ、毎日精算されてしまうので、貯めておくこともできません。今日は20時間しか使わなかったから、明日は28時間使える、というわけにはいかないのです。その性質のため、時間は、いま使うしかないのです。

その割に、私たちの大半が、本当に使いたいものに時間を使えていない状況があります。

若いときの時間、老いてからの時間

10代から60代までの「17のこと」シリーズを書いたときに、さまざまな世代の人たちにインタビューしました。そこで興味深かったのは、若いときと、年齢を重ねたときの時間に対する感覚は違うということでした。

考えてみると当然かもしれませんが、10代にとっての10年は、それまでの全人生といってもいい年月です。それに対して、たとえば50代にとっての10年は、「ついこのあいだ」という感覚があるようです。

「一年が昔の10倍くらい速くなったと感じる」という40代の女性がいました。

でも、それを聞いていた10歳くらいの子どもが、「いまでも十分速いよ」と言ったので、みんなで笑ったことがあります。たしかに、いまの小学生は、塾、スポーツ、習い事などで忙しそうです。子ども同士がスマホのカレンダーを見ながら、来週の金曜日の4時からなら空いていると話したりしているのを聞くと、さながらビジネスマンのようです。

いくつであろうと、人生は一瞬一瞬の積み重ねですから、当人にとってみれば、速いも遅いもないかもしれません。

けれども、40代になって、あらためて20代を振り返ったときにわかることがあります。60代になって、40代の頃には見えなかったものが見えてきます。

その一つが、時間の流れだといえるのかもしれません。

20代から30代には、就職、転職、独立、結婚、出産など、いろんなドラマがあります。自分の自由になる時間なんて、一日に5分もないと感じるのは、この世代でしょう。

忙しいのは40代になっても同じで、仕事ものってくるし、子育てや親の介護、地域のボランティアなど、次から次へと用事ができていきます。時間はいくらあっても足りません。50代、60代になっても、忙しさの種類は違うものの、慌ただしさは続いているでしょう。そうした忙しさに追いたてられながら、毎日をやり過ごしている人が圧倒的に多いというのが、現状ではないかと思います。

ところで、何度も言うように、時間は限られた資産です。毎日与えられていても、ある日突然、支給が止まって、「寿命」というタイムリミットが来ます。

事故で急に亡くなった方のFacebookのページを見たことがありますが、直前に食べた食事の写真がアップされていて、「おいしい!」とかいうコメントがついていました。本人は、その1時間後に自分が死ぬとは思っていなかったでしょう。そういうことを見聞きすると、人生は突然終わることもあるのだと痛感します。

20代と60代では、残されている時間が、圧倒的に違います。それなのに、60代になったら、時間を上手に使えるようになるかというと、全然そんなことはないでしょう。

これから先、年を重ねれば重ねるほど、あなたの時間は速く過ぎていきます。あなたが、現在何歳でも、これからのあなたの時間はもっとスピードアップしていきます。

毎日、誰にも平等に与えられる時間ですが、それは残念ながら永遠ではありません。

その限られた資産を何に使うのかが、まさに、「これからどう生きるのか」ということにつながっていきます。

時間は命、何に使うかは慎重に

つまるところ、人生は時間でできています。

ある意味、あなたの時間イコール命と考えてもいいでしょう。24時間で一日。それが365日で一年。それが、人によって60回、70回、80回与えられているわけです。あなたが今後、何回それを体験できるかは、誰にもわかりません。

あなたは朝から晩まで、どのように時間を使っているでしょうか。その一日が有意義なものであれば、あなたは人生を素晴らしいと感じるでしょうが、どうでもいい仕事に使っていると、空しい感じがしているかもしれません。

自分の時間を会社や取引先の人にリースして、それでお金をもらっている人は、お金と引き換えに自分の命である貴重な人生の何千分の一かの時間を相手に渡していることになります。その仕事は、あなたの命の一部を差し出してもいいと思えるほど素晴らしいと、あなたは感じていますか。どんな使い方をするにしても、自分で、その使い方に納得できていることが大切です。自分の限られた時間を無駄にリースしていたら、命の一部をドブに捨てるのと同じようなものかもしれません。

この人のため、この会社のためなら、自分の時間を捧げてもいいと思えるかどうかです。たとえば子育ての期間は、わが子に命の一部を奪われている感覚を持つ人もいるでしょうが、子どものためなら、その犠牲を払ってもいいと大多数の母親は思うでしょう。

この人のためなら、この家族のためなら、この仲間のためなら、この仕事のためなら、自分の時間を使っても惜しくないと思えたとしたら、それは素晴らしいことです。まさに、あなたの時間が、意味のある時間に変わっていきます。

けれども、こんな仕事のために自分の命を無駄にしたくないと感じたとしたら、仕事の見直しのタイミングにきた、と考えてください。

もう一度繰り返して言います。時間は、命。何に使うかを慎重に考えましょう。

7

健康

——失うまではわからない大切なもの

健康は失って初めて、その価値に気づく

「ふだん健康について考えることがない」という人は多いと思います。そういう人は、間違いなく元気で健康で、風邪もひかないような人ではないでしょうか。

健康は、生きていくうえでいちばん大切な資産だといっても過言ではありません。

でも、それを意識することはほとんどないのが、普通の人の日常です。いまどこも悪くないのだから、将来的に「病気になる」ことは考えられないわけです。

そう考えると、健康なときに、食生活や生活習慣に意識を払わない人が多いの

もうなずけます。病気になってから後悔することはあってもふだんから意識できる人は少ないもの。それは健康が、病気になったりケガをしたりして、失われたときに初めて気づく性質のものだからです。

病気になった人の多くは、過去に自分がやってきたことを悔やみます。

「もっとからだをいたわるべきだった」
「暴飲暴食を控えるべきだった」
「タバコはやめるべきだった」
「もっと運動しておいたらよかった」

そんな後悔を、入院先のベッドで、白い天井を見ながらすることになるわけです。

『50代にしておきたい17のこと』(だいわ文庫)では、「50代の後半以降は、どれだけお金があるかよりも、痛いところがどこもないことがいちばんの資産」と書きました。

これからどう生きるかを考えるとき、健康はとっても大切です。病気になるのは年を取ってからとは限りません。子どもの頃から、飽食の日本で育っている若者は、昔なら、中年以降にしかかからなかった生活習慣病を患うこともよくあるようです。

入院して、働くこともできなくなってから、後悔しても遅いのです。健康なうちに、それを維持する習慣を身につけましょう。それは、どの年代にもあてはまるでしょう。

習慣で、ある程度の健康は維持できる

あなたのまわりで、若くして亡くなった人はいませんか。

事故や病気など、ほとんど宿命としか言いようがない場合もあります。

それほど不規則な生活をしていたわけでもないのに、ある日突然倒れて、そのまま亡くなったりします。まわりの人間からすれば、「どうして、あの人が……」と納得できないこともあるでしょう。

でも、それが寿命だったとしか言えないことが、ときに起こるわけです。残念ながら、それに対して講じる策はありません。「時間」の章でお話ししたように、私たち各々に与えられた時間には限りがあるのです。

その一方で、不摂生《ふせっせい》が原因で、病気になる人もたくさんいます。傍から見れば自殺行為としか思えないような不摂生をして、健康を失っているのです。逆にいえば、不摂生をやめて、ふだんから健康に気をつければ、多くの病気は避けられるかもしれません。

そのためには、習慣を変えることです。

お酒を毎日飲み過ぎてしまう人は、週一日飲まないようにする。

塩分や脂肪のとりすぎに注意して10％減らす。

タバコを半分減らす。

気をつけて、休んだり、睡眠を長めにとる。

毎年、人間ドックに行く。

かかりつけの医師を持つ。

毎日歩く。

そんな少しの習慣の変化が、のちに、あなたを病気から救うかもしれません。

急な病気などの宿命を避けることはできませんが、不摂生が原因で病気になる可能性は、健康的な習慣を身につけることで低くすることができます。

健康法は、自分の体質でえらぶ

あなたには、何か健康法で実践しているものがありますか。

私は、インタビューするたびに聞いていますが、じつにさまざまなものがありました。朝起きたら、散歩、ジョギングなどオーソドックスなものから、青汁、サプリなどを飲む人。また、ヨガ、ピラティス、瞑想法、乾布摩擦《かんぷまさつ》、ラジオ体操まで、ありとあらゆる健康法があります。あなたも、書籍、テレビやネットでも、新たな健康法が紹介されているのを見たことがあるでしょう。

たとえばバナナやリンゴを食べたらやせるというダイエット方法から、一日一食、ローフード（生食）、炭水化物抜きの食事など、その方法はさまざまです。

フルーツだけがいい、断食がいいという一方で、朝ごはんは食べないとからだに悪いということを書いている本もあります。肉食がいい、ベジタリアンがいいなど、正反対のものが、どちらも真実のように、明快に語られています。

菜食主義の本に影響を受けて、しばらく野菜だけの生活にしてみたけど、肉を食べないと元気が出ないというテレビ番組を見て、次の日からお肉を再開したという人がいます。ところが、同じ人が、ひと月後、雑誌でモデルの女性がローフード（生食）ダイエットを実践しているという記事を読んで、こんどはサラダばかりを食べていたりします。

健康に気を遣って、ある本の通りにやってみたとしても、その数年後に、「あの方法はじつはあまり効果がなかった」というようなことが学会で発表されたりもします。同じものを食べても、太る人もいれば、まったく太らない人がいるように、エネルギーの消費のしかたは、人それぞれです。それは体質が違うということもありますし、職種や仕事のしかたによっても変わってくるでしょう。

その意味では、万人に効く健康法はないということだと思います。

自分の健康法は、自分の体質と生活スタイルをよく考えてえらんでください。

心の風邪にも気をつける

からだのことばかり話してきましたが、心の健康についてもふれておきましょう。

仕事のストレスで、うつになる人が増えています。

うつと診断された人だけでも、日本には100万人いるようですから、予備軍も含めると、少なく見積もっても、数百万人がうつ状態にあると思われます。あなたのまわりでも、そういう状態の人がいると思います。

20代では病気で亡くなるより、自殺で亡くなる人のほうが多いことを考えると、若い世代にとっては、からだの健康よりも、心の健康のほうが大切かもしれません。

私が小さい頃、父がうつ病と診断されたことがあったのですが、どんどんダークな感情の沼にはまり込んでいた姿をいまでも鮮明に覚えています。

うつは、深刻化すると仕事ができなくなったり、日常生活に支障をきたしたりするようになります。アルコール依存や薬物依存を併発すると、社会的な生活ができなくなります。大企業なら休職扱いにしてもらえるかもしれませんが、自営業やフリーランスの人は即収入が止まってしまい、本人だけでなく家族も巻き込んで大変なことになります。

うつは心の風邪のようなもので、ごく初期の頃に向き合うと、比較的治療がしやすいようです。

「朝、起きられなくなった」「からだがだるい」「眠れない」「食欲がない」など思いあたる症状があったら、「もしかしたら、うつになりつつあるかもしれない」という可能性も視野に入れてみましょう。自分がうつになっているかどうかをチェックできるサイトもあるようです。それに関連する良書もたくさんありますが、自分でなんとかしようとするよりも、少しでも心配があれば、専門医にかかるようにしてください。

必ずしも、うつはネガティブなものだとは思いません。うつを体験してから、自分らしい人生へと舵《かじ》を切った人がたくさんいます。回復する過程で、パートナーや家族と向き合うきっかけにもなります。

病気がちだったために、健康になれる人

小さい頃から風邪もひかないような健康な人には、健康のありがたさがわかりません。少々体調が悪くても、病院に行く習慣がないので、無理をしてしまいがちです。そうしてギリギリまで頑張って、ある日突然倒れて、救急車で運ばれたりするわけです。30代、40代、50代は、とくに要注意です。

健康に関して興味深いのは、若い頃に病気がちだった人のほうが、ふだんから健康に気をつけたおかげで、後半生を健やかに生きられたりすることです。

子どもの頃から学校を休みがちだった人は、自分のからだの限界を知っているので、無理をしません。休み方も心得ています。ちょっと体調を崩したときの対処法もわかっているので、そこから大病になることはありません。そうやって健康

に気をつけてきた人は、60代、70代になっても、おおむね健康に暮らせるものです。

手相のある流派では、金運を観る線と健康運を観る線は同じだと聞いたことがあります。つまり、健康である人はお金に困らない、お金に困らない人は健康だということなのでしょう。それほどに健康であることは、大切な資産です。

いま健康な人は、自分がその健康という資産をどう維持するのかを考えましょう。

いま不健康だという人は、必ずしも悲観的になることはなく、健康について、普通の人よりも考えるチャンスが早めに与えられたと考えてみましょう。

同じことは、心の健康についてもいえます。若い頃、精神のバランスを崩した人は、その後、気をつけて自分の心と向き合うようにすることで、思いがけなく幸せな人生を送れるようになります。

一方、自分の心の状態にまったく無関心で、ただ頑張ってきた人は、突然、自分の心が壊れて、初めて無理を続けてきたことに気づきます。そのときには、体調まで崩していることも多くて、そこからもとの状態に戻るには長い時間がかかります。ふだんから、自分の心と向き合う癖をつけておきたいものです。

病気、障がいとともに生きる

みんな健康を願うわけですが、すべての人が健康に恵まれるわけではありません。病気や障がいを持って生まれる人もいるし、人生半ばでそうなる人もいます。私の母は、50代後半から脳梗塞《のうこうそく》をきっかけに車椅子の生活になりました。それまでは、障がいがあると日常生活がどんなふうになるのか、まったくイメージできませんでしたが、母のおかげでいろんなことを知りました。

日常生活だけでなく、家から一歩外へ出れば大変です。百貨店、レストラン、駅、どこへ行っても車椅子で入れるトイレを探さなくてはなりません。母が元気だった頃には、想像もできない大変さを体験しました。

いま、これを読んでいる人のなかにも、からだが不自由な状態だったり、闘病生活をしている人がいるかもしれません。自分が健康でないこと、からだの自由がきかないことに対する悲しみは、健常者にはなかなか理解できないものです。私も、想像力を働かせて、母の心やからだの状態を理解しようとしましたが、本人の気持ちの何百分の一もわかってあげられなかったように思います。

いろんな制限があるなかで、自分のしたいことと、自分にできることに折り合いをつけて生活していくしかありません。それでも、ささいなことがきっかけで、突然イライラや悲しみが噴き出すことがあるでしょう。病気や障がいだけでなく、自分のネガティブな感情とも向き合わなければならないので、本人も家族も苦しい思いをします。

また、人生のある時期までは普通に生活していた人が、病気や事故で障がい者になった場合、なかなかその状態を受け入れることができないかもしれません。私の母も自分が半身麻痺《はんしんまひ》になったことを長いあいだ、受け入れられないようでした。

現在、目や耳が不自由だったり、歩けない、手の自由がきかないなど、いろんな不自由さを体験している人、闘病生活を送っている人は、やり場のない怒り、苦しさ、絶望、孤独感にさいなまれていることだと思います。

私の母もそうでしたが、その中で繰り返し出てくるのが、「なぜ自分は病気になったのか？」という疑問です。時間があると、つい、「どうして、こんなことになってしまったんだろう？」と自問自答してしまいます。しかし、神様ではない限り、その答えは出せません。そして、その答えがポジティブなものにはならないことを知ってください。

いくら考えても「運が悪かった」「ふだんの行いが悪かった」「不摂生をした」などネガティブな答えしか出ないでしょう。なかには「前世で悪いことをした」とスピリチュアルな世界に答えを求める人もいるかもしれませんが、本当のところは誰にもわかりません。

「なぜ病気になったのか？」という質問は、感情的に落ち着くまではしてはいけない質問です。なぜなら、自分を責めるような答えしか引き出さないからです。

この質問への答えは、その後の長い人生で、じっくりと熟成されて出てくると思います。私の母も、発病して何年もたってから、「病気になったおかげで、人のやさしさを感じることができるようになった」と言っていたし、実際に私たち家族の絆《きずな》も深まりました。

私が人生に絶望していたとき、メンターの一人から、そういうときに希望を見いだす方法を教えてもらったことがあります。それは、「自分よりも大変な状況にいる人のために祈る」ということでした。母にそのことを教えてあげたら、さっそく、毎日、お祈りを始めたと言っていました。しばらくして聞いてみると、「地雷で足を吹き飛ばされた子ども」のために祈っていると教えてくれました。貧困はびこる農村に住んでいる子どもたちは、医療も満足に受けられません。そういう子どもたちの幸せのために毎日祈るうちに、気分が明るくなったと母は言っていました。

あなたのことを大切に思っている人は、思っているよりたくさんいます。家族以外にも、友人、親戚、近所の人、病院の看護師さん、リハビリの仲間たち、荷物の配達をしてくれる人は、しばらく会っていなくても、きっとあなたのことを気にかけています。寂しくなったときは、あなたとつながっている人たちの顔を思い出してください。

障がいや病気は、時に不便な状態を生み出すことがありますが、だからといって、それで不幸になる必要はありません。

まだ自分では気づいていないかもしれませんが、あなたが与えることができるものはたくさんあります。いまのあなたの経験、そして人間的な深さは、人生でつらい状況にいる人には救いになります。そういう人のために、祈ってみてください。

8

運と運命

——自由意思で変えられるのか

人生では少なくとも3度、不運に見舞われる

この章では、人の運と運命という話をしてみましょう。

これまで、いろんな人をインタビューしてきて、私は、人生を左右する要因に運というものがあると考えるようになりました。

受験、就職、独立、結婚、離婚、そのすべてに運が絡んできます。

私が主催する1500人規模の講演会で、「運というものが存在すると思う人」は手を挙げてくださいと言うと、ほとんどの人が手を挙げます。

では、「運って何かを説明できる人?」と聞くと、数人しか手が挙がりません。

あると思っているけど、あらためて説明するとなると、よくわからないものが

運なのでしょう。この章では、運というものをいろんな角度から見てみたいと思います。

あなたのこれまでの人生を振り返ってみてください。

やりたいことは、何でも思い通りにできたでしょうか。

どちらかというと、うまくいったことよりもうまくいかなかったほうが多かったのではないでしょうか。人によっては、それは大失恋だったかもしれないし、入試の失敗、第一志望の会社に就職できなかったことかもしれません。

転職したり独立したりした結果、うまくいかなくなって、悩んだり落ち込んだ人もいるでしょう。結婚が失敗に終わって絶望しているかもしれません。

また、事故に遭ったり、思わぬ病気にかかったりして、想定外の事態に追い込まれたことで、絶望する人もいるでしょう。

私が苦しんでいたとき、メンターに「人生では、少なくとも3回は不運なことが起きるものだよ」と教えられました。

それを聞いた後、そういうこともあるのかと少し気分が晴れました。

10代、20代の頃、私が想像もしなかったようなことがいっぱい起きました。その後、いいこともありましたが、家族が病気になったり、やることなすことがうまくいかなかった時期もありました。

そんなとき、メンターの言葉を思い出しては、「まあ、そういうときもあるさ」と自分をなぐさめていました。

健康にどんなに気を遣っていても、病気になることはあります。

恋をしても、相手のほうも好きになってくれる確率は、どんなイケメンや美人でさえも、100パーセントとは限りません。

不運に見舞われたときには、「どうしてこんなことになったのか」と考えがちですが、それをすると、いつまでたっても、苦しい負のスパイラルから抜け出すことはできません。やってきた事象に対して「どう対応するのか」にフォーカスして、具体的な行動を取っていくことです。

「いまを手放すこと」で幸せになれる

振り返ってみると、人生は手放すこと、失うことの連続です。

小学生から中学生になるとき、小学生の自分を手放さなければ、中学生にはなれません。

子ども時代を手放せなければ、大人にはなれません。

学生気分を手放せなければ、社会人にはなれません。

独身の自由な状態を手放せなければ、結婚生活は手に入りません。

そうやって、私たちは、何かを失うことで次に進んできたのです。

でも、そうはいっても、もともと持っていたものを手放すことは、なかなかできないものです。できれば両方を手に入れたいと考える人がほとんどでしょう。

結婚しても、独身のときの自由が欲しいし、結婚生活も楽しみたい。けれども、そう都合よくはいかないわけです。

子どもを育てていても、同じような体験をします。

小さな子どもというのは、親にとってかけがえのないほど愛しく、かわいい存在です。

反抗期で奇抜なファッションに身を包んだわが子を目の前にして、「あの小さな天使のように純粋だった子はどこにいったのか」と嘆く親は少なくないでしょう。

私の友人が、自分の4歳の子どもがあまりにもかわいいので、このまま冷凍庫に入れて永遠に4歳のまま冷凍保存しておきたいと冗談を言っていました。それぐらい、「時よ、止まってくれ！」と願うものです。ですが、実際のところ、ずっと4歳でも困るわけで、やはり時の流れを止めることはできないとあきらめるしかないのです。

40代以上の人は、自分では20代の頃と少しも変わっていないつもりでも、からだのラインや顔のしわを比べただけで別人になったのは明らかです。

人生は、喪失の連続であることを覚えておきましょう。そして、喪失を怖れたり、避けたりしていては、得られるものもなくなります。

今日手放せるものを手放して、明日にオープンでいたいものです。

人生は不平等だが、公平にできている

私たちが苦しむのは、自分よりうまくいっている他人と比べて、自分はダメだと思うからです。学生時代、あなたが一番悩んだのは、友達と比べたときではありませんか？

自分よりも、才能のある人、容姿のいい人、学歴のある人、お金持ちの家に生まれた人は必ずいます。

この世界は、不平等で満ちています。それが現実です。

しかし、幸せという点で言うと、すべての人に、同じだけのチャンスが与えられています。言い換えると、幸せへの距離は、どんな人でも同じなのです。

お金持ちの家に生まれると、贅沢《ぜいたく》が当たり前になるので、５０００円のディナーでは満足できないかもしれません。しかし、お金に縁のない家に生まれた人は、こんなごちそうは食べたことがないと、すごく幸せを感じるでしょう。人は恵まれると、そのぶん自然に感謝できることが少なくなります。

それは、男女関係でもそうです。美しく生まれたり、ハンサムで格好良く生まれたりすると、若い頃からモテるので、自信過剰になって相手に感謝することを忘れがちです。

実際に、結婚生活の幸せ度調査では、モテない同士のカップルのほうが幸せ度が高いそうです。自分の容姿に自信があってモテた体験のある人は、パートナーから大切にされていない感じがすると、もっと自分のことを大事にしてくれる人がほかにいるはずだと考えます。でも、別の人をパートナーにしても、同じことが起きて、幸せにはなれないのです。

しかし、モテない人は、このパートナーを逃すと次がないと思うので、相手を大事にしたり、自分の悪いところを直そうとしたり努力します。また、パートナーがいることに対していつも自然に感謝できます。相手の容姿がどんなであろうと、自分と一緒にいてくれる人がいることに、深い喜びと幸せを感じられます。

こんど誰かのことをうらやましいなと思ったら、幸せへの距離はみんな同じだということを思い出してください。

運、不運はたいてい交互にやってくる

運の研究をしてきて、興味深い発見をしました。それは幸運だと思うことが、不運につながり、一見すると運が悪いと思うようなことが、後に幸運につながることです。

たとえば、若くして成功したなら一生安泰《あんたい》かというと、そうではありません。若くして成功して傲慢《ごうまん》になったり、努力を忘れたりして、後半の人生で失敗することがあります。

逆に、若い頃は何をやってもうまくいかなかったのに、人生の後半になってから、幸運に恵まれ、夢が実現する人もいます。

パートナーシップの章で、交通事故に遭ったことがきっかけで、結婚相手にめぐり合った人のことをお話ししました。

運不運は交互にやってくるという、まさに典型的な例だと思いますが、最初は交通事故という不運、でも、そのおかげで結婚相手に恵まれた運がありました。これから先、離婚する不運、次に運命の人に出会う運が、次々にやってくるかもしれません。

ある時点でいいか悪いかを判断することはできないものなのです。

あなたはどうでしょうか。いままでの人生を振り返ってみたときに、交通事故ほどの大きな不運ではないにしても、運と不運が、交互にやってきていることに気づくのではないでしょうか。

ですから、いいことが起きても、悪いことが起きても、いたずらに一喜一憂しないことです。長い目で見れば、いいことも悪いこともまったくないのですから。

拙著『運のいい人、悪い人』(きずな出版)でも書いたことですが、億万長者といわれるような人たちでも、人生を通じて、ずっと金運に恵まれたという人はいません。

不運に見舞われたとき、当事者は、万事休すと感じがちです。でも、自分では、このピンチをとうてい乗り越えられないと思っても、案外、なんとかなってしまうものです。

大変なことが起きても慌てないことです。大きく深呼吸して、「これもまた過ぎていく」という言葉を何度か言ってみてください。スッと心が落ちつくと思います。

不運に見舞われても、不幸になる必要はない

人生ではどんな人でも3度、不運に見舞われる、という話をしましたが、毎年の台風のように、次々と不運に見舞われる人も、なかにはいます。

もう、それは宿命としか言いようがないもので、事故に遭ったり、病気になったりということが、立て続けに起こるのです。もしかしたら、あなたにも、そういう不遇の時期があったかもしれません。

そのときに忘れてほしくないことが、「不運に見舞われても、不幸になる必要はない」ということです。

どんなに運のいい人も、不運に見舞われることはあります。でも、そうなった

からといって、その人が一生不幸になるかというと、そういうことはありません。ずっと運のいい人もいなければ、ずっと運の悪い人もいません。

「自分は不幸だ」と思うことがあっても、その不幸が必ずしも続くわけではありません。

拙著に『ピンチをチャンスに変える51の質問』(だいわ文庫)という本がありますが、そのタイトルの通り、ピンチはチャンスに変えることができます。

ピンチや不運と闘ってみてもよいのですが、ただやりすごす、通りすぎるのを待つことも、その手段の一つです。とくに自分自身の病気や家族の介護などで、自分から行動を起こすことが難しいときには、焦《あせ》らず、ただ待ってみるのもありでしょう。

私たちは、望まない就職や、恵まれているといえない結婚生活、思いがけない病気や親の介護などを体験するうちに、人生の悲喜こもごもを知るようになります。

できれば何の問題もなく生きたいと願っても、実際はそうならないし、そうならないことによって初めて、人の痛みがわかる人間になれるということもあります。

不遇のときに感じる悲しみや苦しみ、つらさを知ったからこそ、同じような状態にいる人に、友情の手を差し伸べることができるのではないでしょうか。

それを学ぶことは、あなたの人間的な成長に、きっと役に立ちます。

先立つ後悔で自分の未来を変える

私は10代の頃から、自分よりも20歳以上年上の人たちに、人生のアドバイスをもらうようにしてきました。それは、生きるうえでとても参考になるからです。

たとえば、私の娘が生まれる数ヶ月前に、いろんな年代の先輩たちを訪ねて、子育てのアドバイスをもらったことがありました。

さまざまな年齢と職種の人に聞いたところ、共通していたのは、「もっと一緒の時間を過ごせばよかった」ということでした。それが私の育児セミリタイヤのきっかけになったわけですが、おかげで、子育てに関しては、ほとんど後悔することなく、楽しむことができました。

その後も同じように、30代の過ごし方、40代の過ごし方について聞いてまわり、

「仕事をしすぎない」「家族で思い出をいっぱいつくる」「多少無理してでもリスクをとる」といったアドバイスをもらって、そのまま実践しました。

そのおかげで、海外で数年生活したり、いろんな場所を旅行したりできました。もっと仕事をしたり、お金を節約したりすることもできたと思いますが、そのぶん家族との思い出も少なくなったでしょう。思い切って八ヶ岳に研修センターを購入したのも、「面白そうなことに挑戦したほうがいい」という、ある経営者のアドバイスのおかげです。

この20年、楽しいことや苦しいこともたくさんありましたが、少なくとも後悔することはほとんどありません。

それは、自分の未来をいろいろと予想して、「先立つ後悔」をしたからです。

「先立つ後悔」とは、「このままだと何を後悔するだろう？」と考えることです。それを想定して、そうならないように準備しておくと、後悔する羽目に陥《おちい》らずにすみます。

そういう心がけで生きていると、人生で後悔することは大幅に減ります。

もちろん人生には、想定外のこともたくさん起きますが、ふだんから「先立つ後悔」をしておけば、ハプニングは、またそれとして楽しめるようになります。

宿命と運命

私たちの人生には不思議な偶然が起きることがあります。とくに宗教的な人でなくても、前世からの定めかもしれないと感じるような瞬間は、何度かあるのではないでしょうか。

たとえば、全然違う地域で生まれ育った結婚相手の祖父と、自分の祖父が、50年前に、大学のボート部で親友だったとかという話はよく聞きます。

私の人生にも、これまでに、不思議なことがたくさんありました。また、そういうことが好きなためか、私のところには、面白い人たちが世界中からやってきます。

しばらく前になりますが、知り合いに連れられてインドから不思議なお客さんが来ました。「アガスティアの葉」を読めるという人で、聖者のような雰囲気のインド人でした。

あなたは、アガスティアの葉というのを聞いたことがありますか？

アガスティアの葉は、南インドのある村に大量に保管されているヤシの葉の短冊で、そこには、いろんな人の人生の詳細が書いてあるそうです。

数千年も前にオリジナルはつくられたようですが、古代タミール語で書かれています。実際に、私の親しい友人が何人もインドまで出かけて、自分の情報が書かれた葉を見つけてきています。

その人の情報が書いてある葉は、その人の親指の指紋から検索します。指紋には108の分類があるそうで、数時間のやりとりで、その人のために書かれた葉っぱを見つけるとのこと。あなたは運がいいとか、性格は明るいという一般的な事柄ではなく、本人の名前、生年月日、生まれた場所、両親の名前までが正確に記してあります。

結婚している場合には、パートナーの名前、子どもがいる場合には、名前、本人の職業から病気、寿命までが記載されています。驚くべきことに、その葉を見つけに行くタイミングまで記載されていることもあるようです。

私の知人も含めると、100人以上が、その葉の情報を手に入れていますが、その情報の正確さはすごいらしく、それだけ聞いても、にわかに信じがたいものがあります。

興味深いのは、未来に関しては、必ずしも葉っぱの言う通りになるわけではないことです。ある人はフィアンセと一緒に、その葉を見つけました。そこには、夫の名前としてフィアンセの名前があって、彼女は泣いて喜んだそうです。しかし、いろいろあって、彼らは結婚しませんでした。葉っぱに書かれているのとは、違う運命を選択したのです。

そういう意味で、葉っぱに書かれていた情報は、ある時点での運命を表すもので、絶対ではないということでしょう。

これまでの本にも書きましたが、私は、複数の直感能力者に将来、作家、講演家として活躍することを20年以上も前に予言されたことがありました。言われた当時は、占いみたいにとらえていたので、「ふーん、それはいいな。面白そう」と思っただけで、たいして真剣にとらえず、その後、すっかり忘れていました。

ところが、作家になってしばらくしたとき、「昔から作家になりたかったんですか?」と聞かれて、「そういえば、作家になると言われていた」ことを急に思い出して、背筋が寒くなりました。自分の意思で本を書きはじめたつもりでしたが、それすらも、だいぶ前に決まっていたのかと考えると、なんとも不思議な気分になりました。

人の運命は、あらかじめ決まっているのか？

運命に関して私の最大の関心事は、「人の運命はあらかじめ決まっているのか？」ということです。これまで、インドのマスター、予知能力者、占星術師に、この質問をぶつけてきました。みなさんも、同じ興味を持っているかもしれません。

20年近くのあいだ、いろんな人から話を聞き、不思議なことを何百と体験したうえで、私の仮説は、「だいたいのことは、あらかじめ決まっているようだ」というものです。

そうでないと、さきほどのアガスティアの葉のように、その人が生まれる何千年も前に、外国のごく普通の人間の詳細な情報を予知できることの説明がつきません。

しかし、人間には自由意思が与えられていて、誰でも宿命とは違った人生を歩むことができると思います。興味深いのは、だいたい決まっている人生ストーリーを覆《くつがえ》すことはできるけど、それをやらない人が大多数だということです。

いま私は、講演やセミナーを通じて、年間何万人もの人の人生に関わっていますす。こういう生活を10年近くやってきたので、さまざまな人の生き方をごく身近で見てきたし、相談にものってきました。

そこで感じるのは、「人は変わりたいと思っても、なかなか変わらない」ことです。

専業主婦がイヤだ、サラリーマンがイヤだという人は多いですが、実際に仕事を探したり、独立したりする人はごく少数です。頭ではそう考えても、行動しないのです。自分の理想に近づいていくためには、ハードルがたくさんあります。感情的、物理的、金銭的な障害を突破していって、初めて夢は実現します。

自分の理想に本気で向かっていく人は、ほんの数パーセントしかいません。

一方で、あるときまで普通の生活をしていて、急に変わる人もいます。「このままじゃイヤだ。もっと違う生き方があるはずだ」と思って、そこから人生の針路《しんろ》を変えていく人たちです。なぜ人は変わるのか、なぜ変わらないのか、この差が何なのか、私にはまだわかりません。

自由意思で、自分の運命を変える

運命について、この30年研究してきましたが、人間の自由意思、宿命、運命についてお話ししたいと思います。

宿命は宿る命で、生まれたときには決まっているもの。運命は運ぶ命で、自分で変えられるものです。

あなたの5年後、10年後を想像してください。このまたいして何も変えずにいったとして、あなたの未来はどんな感じですか？

そして、その未来はあなたが望むような楽しい未来でしょうか？

もし違うなら、そのことに対して、あなたはどれくらい積極的に行動して、いまの人生を変えていくつもりがあるのでしょう？

ここが、宿命と運命の境い目です。ほとんどの人は、いまの人生に満足していません。ですが、さきほどお話ししたように、それを自分から変える努力はしないのです。

私は高校生のときに、自分の人生を変えよう、一回きりの面白い人生にしようと固く決めました。それは、才能はあるのに、自分でそれをつぶした反面教師の父がいたからできたことです。普通の家庭に育った高校生なら、多分そんなことは考えないでしょう。そういう意味で、不運や不幸をエネルギーに変えることができてラッキーでした。

あなたも、もし「いまやっていることをやめたい！」と強く感じているなら、それは、人生を変えるエネルギーが貯まっていると考えてください。そこにいたるまでは、宿命だといえます。どうにも変えられないことはあるからです。

そして、まさしく、ここからが自由意思の領域です。そのエネルギーを使って、自分らしく生きたいと思う人もいれば、「まぁ、そうは言っても、ローンがあるしね。リスクはちょっと……」となって、安定を選択する人もいます。

あなたの心のなかでざわざわが起きはじめたら、運命と宿命の境界線がゆらぎはじめたサインです。あなたは、この境界線をどう引きますか?

9

生きる目的

——あなたはなぜ生まれたのか

思い通りにいかないのが人生

前の章で、「人生はだいたい決まっているかもしれない」という話をしましたが、成功している人の話を聞くと、とくにそう感じることがあります。それは、彼らが自分の望んでいない方向に流された結果、そこでうまくいったりするからです。

小学生のときに「将来、○○になりたい」と強く願ったとしても、その通りの人生を歩める人はほとんどいません。どちらかというと、人生は失望の連続です。

海外留学する予定だったのに、奨学金がおりずにダメになったり、電車が遅れて入社面接に間に合わずに別の会社に就職したり、父親が倒れたために会社を辞めて家業を継いだりする人がいます。そういうちょっとした偶然に翻弄《ほんろう》されて、進路が変わることが人生ではよく起きます。あなたにも思いあたることがあるのではないでしょうか。

でも、自分が最初に描いた人生とは全然違うところに行ったからといって、ずっと人生が暗いわけでもありません。結果オーライで、それはそれで楽しめたりするものです。

一方で、やりたいと思っていたことは、ほとんどかなえられず、不満を感じながら人生を終えていく人がいるのも現実です。そういう人は、ずっと、〇〇できたはずだという思いを手放せないからです。

幸せに生きたいなら、「何でも思い通りにいくはずがない」と健康的にあきらめるのも、一つの選択です。思い通りに生きられる人なんて、世界中探しても、ほとんどいません。みんなどこかで妥協《だきょう》しながら、いまを生きているのです。

夢を生きることは大切です。挑戦もせずにあきらめるのはもったいないと思います。実際に、あきらめないで、夢を実現してしまう人は、たくさんいます。

でも、現実を冷静に見て別の道を探すことも大事です。そうでなければ、ただの夢追い人になって、満たされることない人生を生きることになるかもしれません。

弁護士になる、作家になる、料理人になる、歌手になる、独立するといった夢に振りまわされて、何年も人生をストップさせたままの人がいます。そういう人は、自分でも、「ちょっと違うかなぁ」とうすうす感じていたりします。ですが、いったん言い出したことをひっこめられなくなって、ずるずる夢に引っ張られてしまっているのです。

そういう場合は、いったんこれまでの夢に死亡宣告を下して、そこからまったく違う人生をスタートするのも、賢い生き方かもしれません。

実際に、俳優の道をあきらめて実業家になる人、大学の研究者をやめてセールスの世界で成功する人、ビジネスの世界から教育界に転身して多くの人にインパクトを与える人がいます。彼らは、結果的に本来自分がいるべき分野に行ったともいえます。

自分が輝ける分野は、当初思ったのとは全然違う場所にあったりするのです。若い頃には想像もしなかったところで、花が開くことがよくあります。

あなたが幸せに輝くためには、自分の居場所を間違えないことです。いまはあきらめずにがんばるときか、思い切ってあきらめて次に行くのか、悩むところだと思います。

このあたりの見極めが、幸せに生きられるかどうかを左右するでしょう。こればかりは、あなたの直感を信じて、進む道を判断してください。

宿命を運命に変える力は、あなたのなかにあります。

人生の目的とは？

「あなたの人生の目的は？」と、聞かれたら、あなたは何と答えますか？

たぶん、幸せになることだという人は多いと思います。でも、「あなたにとって、幸せとは何ですか？」と聞かれると、戸惑ってしまうのではないでしょうか。

私たちは、日々の慌ただしさに追いかけられているうちに、「何のために生きているか」を忘れがちなので、明確な答えを持っている人はあまりいません。

考えてみれば、どんな人も、この世界で有意義な人生を送りたいと思っているはずです。そして、幸せになりたいとも考えているでしょう。

でも、それはぼんやりとしていて、具体的に何があれば幸せになれるのか、突き詰めて考えていない人のほうが多いでしょう。

幸せのかたちは人によってさまざまです。たくさんお金を儲けて好きに暮らしたい、人のために尽くしたい、モテたい、有名になりたい、動物を助けたいという人もいるでしょう。大きな会社をつくりたい、政治を変えたい、教育を変えたいという人もいると思います。

あるいは、自分の家族が幸せで、健康でいるということを一番に考える人もいるでしょう。そのすべては素晴らしい目的です。

あなたにとって必要なことは、あなたの人生の目的と、ふだんの生き方をどう結びつけるかです。この二つが結びついていないと、人は知らないあいだに、イライラを感じたり不満を感じたりします。しかし、自分のなかで、この二つがピタッと一致していたら、世間がなんと言おうと、その人は幸せになれるのです。

生きる目的とは、「あなたの生涯を貫くテーマ」です。

ちょっと考えたらわかるように、お金持ちになりたいというのは、生きる目的にはなりません。なぜなら、それはある時点での状態であって、何をやってお金持ちになるのかのほうが大切なのです。

ライフテーマは、あなたの感情を深いところから揺さぶります。動物がたくさん殺処分されているとか、いじめで子どもが自殺したというニュースをテレビで見て、涙が止まらなかった、何かしたいと思ったとしたら、それは、あなたのライフテーマである可能性があります。

そのほかにも、政治、教育、ビジネスで、あなたが強く憤《いきどお》りを感じたり、ワクワクしたり、悲しくなったりするとしたら、それがまさしくあなたのライフテーマです。気がついたら行動してしまうほど、莫大なエネルギーが湧いてくるもの。それが、人生の目的なのです。

それが見つかったとき、内側からすごいエネルギーが出てくるので、やる気やモチベーションはまったく必要ありません。それが見つかる前と後では人生の様相が違って見えるので、すぐにわかります。本人にしかわからないことですが、それは一種悟りにも似た体験だといえます。

これまでに、人生の目的を見つけたという人に何千人も会ってきましたが、彼らは一様にキラキラ輝いていて、内に秘めた静かな情熱を持っていました。

ときどきパーティーなどで、「やる気が出ないんですけど、どうしたらいいですか？」と聞かれることがあります。いきなり次の日に会社を辞められても困るので、そのシチュエーションによって、答え方を変えて話すようにしています。

ですが、私の本音としては、「人生でやる気が出ないようなことは、やってはいけない」と思っています。なぜなら、やる気が必要なことは、あなたがやるべきことではないからです。そういう活動は、誰か別の人がやったほうがいいものなのです。あなたが心から大切だと考えていて、ワクワクすること。それがあなたの人生の目的です。そのライフテーマは、あなたのごく小さい頃から、じつは存在していたはずです。

私のライフテーマの一つは、この本を読んでくださった方は感じたと思いますが、家族の再生です。私は、バラバラになった家族のつながりを取り戻したり、愛を見失った夫婦のロマンスを復活させたりする手伝いが大好きです。

家族がお互いを尊重し、愛情でつながること、平和で笑い声のある家庭。それは、父の飲酒がいつ止まるのかとずっとおびえて、「神様、お父さんがお酒をやめて、みんなで仲良くできますように」と毎晩祈った少年の夢でもあります。

愛にあふれる家族が生まれるとき、私の心は喜びで震えます。それは、私がずっと願ってきたことで、まさしく、私の人生の目的だからです。

この世界には、この瞬間にも家庭内暴力で苦しんでいる家族がいます。両親が人生で混乱していると、その影響は子どもたちにいきます。

「人生は苦しいものだ」「男性（女性）は、信用したら、あとで痛い目にあうから、信じてはいけない」「お金は人を不幸にする」など、さまざまな観念を私たちは親からもらっています。両親は、そのまた両親からその観念を受け継いでいます。

そういう意味では、先祖代々の不幸の連鎖を自分の代で断ち切れるか、すべての人が試されています。そして、親からもらった素晴らしいものをどうやったら次の世代に伝えられるかも、同時に考えておきたいものです。

ネガティブな体験のなかには、必ず未来に生かせる幸せの種が存在します。

あなたにも、きっとあなたの人生の目的があります。

静かに、耳を傾ければ、あなたの心はきっと答えを教えてくれるでしょう。

人生の目的は、真剣に探さないと見つからない

生きる目的が見つかるタイミングは、人によってそれぞれです。

若い頃にそれを見つける人もいるし、壮年期に見つける人もいます。生きる目的と出会うタイミングは、人それぞれで全然違います。一般的には、なんとなく毎日を過ごして、人生の目的をはっきりつかむことなく、生涯を終える人のほうが多いでしょう。そういう意味では、生きる目的は、そんなに簡単に見つかるものではなく、自分と向き合ったり、積極的に行動しなければ、つかめないものです。

これまで、私は、自分の人生の目的を見つけた人にたくさんインタビューして

きました。彼らの話を聞いていると、それは急に降って湧いてくるものではなく、ずっと追い求めているうちに、ある日、「これだ！」と腑《ふ》に落ちる感じで見つかるものです。

何かに真剣に打ちこんで、年月を重ねるうちに、「これをやるために自分は生まれてきた」という確信が自然に生まれるのです。

いま、なんとなく仕事をしている人は、まわりや会社の評価によって自分の感情が上下して、毎日のように幸せ度が変わっていることだと思います。言い方を換えれば、自分の幸せ度が、他人の評価で左右されているということです。

しかし、生きる目的を自分でしっかりつかみ取った人は、深いところから心の平安を感じているので、まわりがなんと言おうと、気にならなくなります。その感覚は、一度つかんだら、一生消えることはありません。

なぜなら、生きる目的をはっきりと理解することは、その人が人生でもっとも深いものとつながった状態を意味するからです。

人生の目的は、真剣に探さなければ見つかるものではありません。

同時に、それは心から楽しいと思えるものです。

ライフワークを生きている人たちにインタビューした経験では、彼らは「真剣だけど、心から楽しんで遊んでいる」ような状態で生きています。

人の評価は、まったく関係がありません。彼らは、自分が心から楽しんで、かつ意義を感じる活動をやっているのです。

人生の目的は家族を大切にすること、子どもの教育、ビジネス、アート、政治、投資、環境保全、動物虐待《ぎゃくたい》防止、近所の美観など、さまざまな分野にあると思います。

それは、あなたが才能を与えられていて、心からワクワクする分野です。そのことを考えただけで、ドキドキしたりする活動。夜、寝る前に、ハートが温かくなったり、楽しくなったり、悲しくなったり、怒りが出るようなものです。

世界を飛びまわってビジネスをやるという派手なものから、家族のために、おいしい朝ごはんをつくるという地味なものまで、さまざまでしょう。何万人の人を対象にする人もいれば、数人の家族が対象になっている場合もあるでしょう。人数が多ければいいというものでもありません。

人生の目的は、あなたにしか見つけられません。両親、パートナー、子どもが、あなたのかわりに見つけてくれるものではないのです。

あなたが、残していくもの

どんな人の人生にも意味があるといっても、「自分の人生には、たいした価値がない」と考える人も少なくありません。そういう人は、この世界で生きた足跡をどう残すかという視点からも考えてみましょう。

「あなたは、この地球に何を残しますか？」

そんなふうに聞かれたら、ますます、何も残せないと考えてしまうかもしれません。

生きる目的には、いろいろなかたちがあります。なにも歴史に残るような音楽や文学作品を残したり、社会的なシステムを残したり、政治、教育を改革することが人生の目的ではありません。

「私は主婦だから何も残せない」という人は、子どもや孫を残していることを忘れてはいけません。自分はたいしたことはできなかったけれど、子どもを残すことができた、と考えましょう。

するとと今度は、私は結婚していないし子どももいないからダメだと感じる人も出てくるかもしれません。

あなたが残すものは、人類を変えるようなものでなくてはいけないということではありません。ちょっとしたものでも、あなたが生きた証を残せるものがあるか、探してみてください。

たとえば外国では、公園などにベンチを寄付する習慣があります。ベンチの背もたれの部分に、寄贈した人の名前や略歴が書かれたプレートが張ってあったりします。

自分が死んだあとでも、自分が寄付した公園のベンチで、誰かが疲れた足を休めているかもしれません。子どもとお母さんが、そこでやさしい時間をすごすかもしれません。

そんなベンチを残せるとしたら、それは素敵なことだと思いませんか。
「何を残すか」を考え始めると、自分の生まれてきた意味がはっきりしてきます。
あなたらしい何かを残すことを考えてみましょう。

どうやって人生の目的を探すのか？

人生の目的は、旅に出て見つけられるものではありません。自分探しのために、世界中を放浪する人がいますが、外国の町のはずれに「自分」が落ちているわけではありません。

自分らしさや才能は、ふだんの人間関係のなかで見つけることができます。人に喜ばれたり感謝されたりすることが、あなたにもきっとあるはずです。そして、そのなかでも、自分が楽しくてしかたがないこと、それが、あなたのライフワークであり、あなたが今回の人生でやるべきことです。

皮肉なことに、それはたいてい、あなたがやるのが怖いと感じていること、不安なことの周辺にあります。あなたが、やってみたいけどドキドキすること、リスクに感じることがあるとすれば、そのあたりにあなたの人生の目的も隠されていると考えてください。

私のセミナーの実習で、「あなたがやるのが怖いことを考えてください」というのをやったことがあります。それは、あなたのライフワークの見つけ方でもあります。

すると、ある酪農家の青年は、「有機の飼料を食べさせて、日本一の牛乳がしぼれる牛を100頭育てるのは、想像しただけで怖い」と言っていました。

もうおわかりですよね。それが、その人の向かう先なのです。自分がやりたいことを考えると、うまくいかなかったらどうしよう、みんななんて言うだろうか、お金は、時間は……と考えてしまうから、怖くなってしまうのです。

自分の道が見えてきたとき、それに飛び込んでいくか、安全を考えて尻込みするかで、あなたの人生はまったく違ったものになります。

人生の目的は、あなたができることを続けていく先に見つかります。

人生をかけて取り組めることを考えてみてください。

それは子育てかもしれません。起業することかもしれません。仲間と環境NPOを立ち上げる人もいるでしょう。

それが生きる目的につながるかどうかはわからなくても、まずは面白そうだと思うこと、ワクワクすることに取り組んでみることです。

途中で失敗もあるでしょうし、挫折《ざせつ》してしまうかもしれません。それならそれで全然構わないのです。なぜなら、そこから別のドアが開き、あなたにまったく新しい道が示されるからです。あなたは「何だ、こっちか」と言って、また歩き出せばいいのです。

あなたは、あなたがやるべきことを深いところで知っています。問題は、いつ気づくのか、どうやって気づくのかですが、いまそれがわからないところが、人生の面白いところではないでしょうか。

これから、あなたはたくさんの人に出会い、笑い、喜び、怒り、悲しみ、感謝するでしょう。その一つひとつが、将来ダイヤモンドのように、美しい思い出に変わっていきます。ですから、人生があなたにもたらすものをえり好みせず、来たものをすべて楽しむような感覚で受けとめてみてください。

それが、ポジティブなものか、ネガティブなものか、決めているのはあなたです。

それがわかったとき、あなたは「生きる目的」への入り口に立ったといえるでしょう。

人生の目的が、あなたを見つけるとき

人生の目的を実感している人といない人では、人生の充実度が変わってきます。人生の目的を見つけた人は、この世界でもっとも幸せな人です。なぜなら、生きる意味を見いだして、毎日の活動に意義を感じられるからです。

「自分にとってとても大切だ」と心から思えることを見つけて、毎日取りくむことができれば、それがなんであれ、誇りを持って生きることができます。有意義なことをやっているという実感が、毎日の生活に喜びをもたらします。

それは、人生の目的が、あなたを見つけた状態ともいえるでしょう。

どんな仕事にも、意味があります。

どんな人生にも、意味があります。

あなたが、何か仕事をやらなくても、お金を稼がなくても、家事をやらなくても、人生の目的は果たせると思います。

命がある限り、あなたは何らかの役割を与えられています。

私は、そう信じています。

私の母は、亡くなる少し前には、入院中のベッドでチューブにつながれて、ほとんど体を動かすことも、話すこともできない状態になりました。それでも、ケラケラッと笑うことはできたようで、看護師さんやお隣の人、お見舞いにきた人を明るい気持ちにさせていたそうです。その話を師長さんから聞いたとき、涙が止まりませんでした。

思い返すと、父がお酒を飲んで暴れたりして、苦労も多かったはずの母ですが、どんなときも明るく笑っていたような気がします。

その母の性格は、私に受け継がれ、いま、私を通して、たくさんの人に楽しさと希望を与えていると思います。そんな母を持ったことを心から誇りに感じています。

あなたは何をやるために生まれてきたのでしょうか。
その答えを見つけることが、そして、それを実際にやることが、人生の目的です。

おわりに
未来は、えらべる

この本を最後まで読んでくださって、ありがとうございます。

あなたが、どこにいて、どういう状態なのかわかりませんが、あなたの心に届くように、あなたが、最善の選択ができるように、祈りを込めて書きました。

本書の締めくくりに、幸せの種の見つけ方の話をしたいと思います。

幸せというのは、目標を立てて達成するものではありません。毎日の生活を送っているうちに、「ああ、幸せだなぁ」とふと気がつくものです。

そのためには、ふだんから、少しずつ心のなかを整理していくことが大切です。

いまの生活のなかでイヤなものを一つ手放し、そのかわりに好きなものを一つ増やすという単純な作業を繰り返していくと、幸せの種が見えてきます。

自分が本当に好きなもの、やりたいことを見つけるたびに、それを手にとり、かわりに、もういらないと感じているものを手放してみるのです。

そうすれば、あなたにとっての幸せの種は、じつは、自分の心に眠っていることに気がつくでしょう。それは、あなたの大好きなことの周辺にあります。

人生の目的というと、おおげさな感じがすると思いますが、自分を幸せにする種を探すというと、できそうな気がしてきませんか？

あなたの人生の目的も、いまの日常の延長線上に見つかります。自分の心がドキドキすること、楽しいこと、人に喜んでもらえることを少しずつでいいので、やってみましょう。それは、あなたの心に眠る幸せの種に、水をやる作業です。

たとえば、カフェに行く、散歩に行く、友達に会いに行く、美術館に絵を見に行く。そういったごく日常的なことでいいのです。それは、必ずあなたのワクワクするような未来へとつながっていきます。いまは点と点がつながらなくても、しばらくすると、それが幸せへの道だったことに気がつくでしょう。

幸せな生き方とは、過度にポジティブな未来を想定して、あとでがっかりすることでも、最初からネガティブなことを想定して、あとでホッとするものでもありません。

あなたが心配しているようなことはほとんど起きません。逆に、絶対にうまくいくにちがいないと思ったことも、じつはあなたの妄想で、その通りには実現しないことが多いのです。たいていのことは、その中間になります。

これから、あなたにとって、意味のある人生を生きてください。

あなたなら、きっとできます。

講演で訪れた中国　広州にて

本田　健

本作品は二〇一三年一二月、小社より刊行されました。

本田 健（ほんだ・けん）

神戸生まれ。経営コンサルタント、投資家を経て、29歳で育児セミリタイア生活に入る。４年の育児生活中に作家になるビジョンを得て、執筆活動をスタートする。「お金と幸せ」「ライフワーク」「ワクワクする生き方」をテーマにした１０００人規模の講演会、セミナーを全国で開催。そのユーモアあふれるセミナーには、世界中から受講生が駆けつけている。大人気のインターネットラジオ「本田健の人生相談～Dear Ken～」は２６００万ダウンロードを記録。世界的なベストセラー作家とジョイントセミナーを企画、八ヶ岳で研修センターを運営するなど、自分がワクワクすることを常に追いかけている。２０１４年からは、世界を舞台に講演、英語での本の執筆をスタートさせている。

著書は、『ユダヤ人大富豪の教え』『20代にしておきたい17のこと』（大和書房刊）『きっと、よくなる！』（サンマーク出版）など１１０冊以上、累計発行部数は７００万部を突破している。

本田 健 公式サイト
http://www.aiueoffice.com/

だいわ文庫

これから、どう生《い》きるのか
人生《じんせい》に大切《たいせつ》な9つのこと

著者　本田《ほんだ》 健《けん》

二〇一七年九月一五日第一刷発行

発行者　佐藤 靖
発行所　大和《だいわ》書房
東京都文京区関口一－三三－四　〒一一二－〇〇一四
電話 〇三－三二〇三－四五一一
フォーマットデザイン　鈴木成一デザイン室
本文デザイン　福田和雄（FUKUDA DESIGN）
編集協力　ウーマンウエーブ
本文印刷　シナノ
カバー印刷　山一印刷
製本　ナショナル製本

ISBN978-4-479-30667-2
乱丁本・落丁本はお取り替えいたします。
http://www.daiwashobo.co.jp

だいわ文庫の好評既刊

本田健
ユダヤ人大富豪の教え
幸せな金持ちになる17の秘訣
「お金の話なのに泣けた!」「この本を読んだ日から人生が変わった!」……。アメリカ人の老富豪と日本人青年の出会いと成長の物語。
648円
8-1 G

*本田健
20代にしておきたい17のこと
『ユダヤ人大富豪の教え』の著者が教える、20代にしておきたい大切なこと。これからの人生を豊かに、幸せに生きるための指南書。
571円
8-6 G

*本田健
才能を見つけるためにしておきたい17のこと
あなたの中に潜んでいる才能の芽を見つけ、引き出し、開花させる法。自分の才能を発掘するかしないかで、人生は大きく変わる。
600円
8-19 G

*本田健
将来、お金に困らないためにしておきたい17のこと
節約をやめる、仕事の単価を上げる、お金の「主人」になる……不安定な時代を生き抜くために、絶対に押さえておきたいお金のこと。
600円
8-20 G

*本田健
理想のパートナーを見つけるためにしておきたい17のこと
一度きりの人生、ベストパートナーと出会い、最高の人生を築くために、男と女が超えなくてはならないこと、超えてはならないこと。
600円
8-21 G

*本田健
読書で自分を高める
人生の練達者である著者が、自身の半生と書物との深い結びつきによって、「読書の目的」を伝える。付・人生を変える名著名作案内。
600円
8-23 G

*印は書き下ろし

表示価格はすべて本体価格(税別)です。本体価格は変更することがあります。